인공지능과 데이터의 소유

AI문고

인공지능 시대입니다. 기계가 인간의 인지를 대신하고, 사물이 인간을 통하지 않고 다른 사물과 직접 커뮤니케이션합니다. 이에 따른 인간 삶과 문명 변화를 정확히 이해 · 예측 · 대응하는 것은 이 시대 우리 모두의 과제입니다. AI문고는 인공지능 기술과 환경의 여러 주제를 10가지 키워드로 정리합니다. 관련 개념과 이론, 학계와 산업계의 쟁점, 우리 일상의 변화를 다룹니다. 인간과 기술의 현재, 미래를 세심히 분석합니다.

일러두기

- 인명, 작품명, 저서명, 개념어 등은 한글과 함께 괄호 안에 해당 국가의 원어를 병기했습니다.
- 외래어 표기는 현행 어문규정의 외래어표기법을 따랐습니다.

처음이세요?

전문가세요?

인공지능과 데이터의 소유

김시열

대한민국, 서울, 커뮤니케이션북스, 2025

인공지능과 데이터의 소유

지은이 김시열
펴낸이 박영률

초판 1쇄 펴낸날 2025년 10월 31일

커뮤니케이션북스(주)
출판 등록 2007년 8월 17일 제313-2007-000166호
02880 서울시 성북구 성북로 5-11
전화(02) 7474 001, 팩스(02) 736 5047
commbooks@commbooks.com
www.commbooks.com

ISBN 979-11-430-1190-9 03500

책값은 뒤표지에 표시되어 있습니다.

차례

데이터, 누구의 것인가

인공지능 시대, 데이터의 역할

2024년 4월 《월스트리트저널(WSJ)》의 보도에 따르면, 오픈AI의 GPT나 구글의 제미나이(Gemini) 같은 대규모 언어 모델(LLM, Large Language Model) 기술은 잠재적인 데이터 부족이라는 문제에 직면하고 있다고 한다. 현재 인터넷상에 존재하는 데이터만을 가지고는 2년 내 인공지능 모델의 성능을 높이는 데 상당한 한계를 맞게 될 것이라는 전망이었다. 컴퓨터 사이언스 원리 중 하나인 '친칠라 스케일링(Chinchilla Scaling) 법칙'에 따르면 GPT-5 같은 인공지능 모델의 경우 현재의 성장 궤적을 기준으로 볼 때 60조에서 100조 개의 데이터 토큰이 필요할 것이라고 하는데, 이는 현재 사용 가능한 모든 고품질 텍스트 데이터의 기준인 10조에서 20조 개를 크게 상회하는 수준에 해당한다. 이러한 스케일링 법칙은 2022년 구글 딥마인드(DeepMind) 연구진이 발표한 논문에서 제시된 것으로, 모델의 성능을 최적화하기 위해서는 모델 크기와 학습데이터의 양이 균형을 이뤄야 한다는 원리를 담고 있다.

한편 《로이터》는 인공지능 학습데이터 시장의 급성장을 보도하며, 수천만 달러 규모의 콘텐츠 거래가 이뤄지고 있다고 전했다. 실제로 오픈AI는 셔터스톡(Shutterstock)과의 6년 계약을 통해 데이터를 확보했고, 셔터스톡은 이 인공지능 데이터 라이선싱 사업으로 2024년 기준 1억 400만 달러의 매출을 올렸다. 구글 역시 레딧(Reddit)과 연간 6천만 달러의 라이선스 계약을 체결했다. 이처럼 인공지능 산업 현장에서는 데이터 확보를 위한 경쟁이 치열하게 전개되고 있다.

이러한 상황은 단지 데이터양 부족 문제에 한정되는 것이 아니다. 높은 성능의 인공지능 서비스를 운영하기 위해서는 고품질 · 전문성 있는 데이터의 확보가 필요한데, 현재 이러한 데이터의 결핍 문제가 심각하게 이어지고 있다. 특히 전문 분야 데이터나 특정 언어권의 데이터 부족은 인공지능 시스템의 성능과 신뢰성을 저해하는 요소로 작용한다. 이에 따라 기업들은 개인 소장 자료, 학술 데이터베이스, 폐쇄형 콘텐츠 등 다양한 출처에서 데이터를 확보하려는 노력을 강화하고 있다.

머신 러닝은 규칙 기반이 아닌 경험적 학습을 통해 작동한다. 이때의 경험은 곧 데이터다. 관련된 이론에 따르면, 일반화 성능은 학습데이터의 양과 질에 직접적으로 의존하며, 낮은 품질의 데이터는 왜곡된 판단을 초래할 수 있다고 한다(Assembly California Legislature, 2025). 그렇기 때문에 충분한 데이터가 갖춰지지 않은 경우라면, 아무리 우수한 알고리즘을 갖는 인공지능 모델이라고 하더라도 무의미하거나 왜곡된 결과를 산출해 낼 수밖에 없게 된다. 2016년 마이크로소프트의 챗봇 '테이(Tay)'가 편향된 데이터 학습으로 인해 부적절한 발언을 하게 된 사건이나, 2018년 아마존 인공지능 채용 도구의 성별 편향 데이터로 인한 차별 행위 사례 등은 데이터의 품질이 인공지능 시스템에 얼마나 큰 중요성을 지니는지 잘 보여 준다.

새로운 자본으로서의 데이터

오늘날 인공지능은 단순한 기술이 아니라, 사회 전반의 의사결정과 혁신의 핵심 인프라가 되고 있다. 데이터는 이러한 인공지능 시스템이 작동하는 연료로, 고도화된 서비스 성능은 고품질 데이터에 의존한다. 인공지능은 대량의 학습데이터를 학습하여 패턴을 인식하고 예측하는 등의 작용을 통해 의사결정을 수행하고, 정확하고 다양한 데이터를 통해 고도의 성능을 발휘할 수 있게 되기 때문이다. 이에 현재 대규모 언어 모델은 수십에서 수백 테라바이트, 그리고 이미지 생성 모델은 수억 장의 이미지-텍스트 쌍을 학습하고 있다. 2017년 인터내셔널 데이터 코퍼레이션(IDC, International Data Corporation)은 2025년까지 전 세계에서 163제타바이트(ZB: 1 ZB = 10^{21} bytes = 1,000,000,000,000,000,000,000 bytes)의 데이터가 생성될 것이라고 예측했으며, 글로벌 통계 포털인 스타티스타(Statista)도 이에 유사한 전망을 제시한 바 있다. 이는 2010년의 전 세계 데이터 생산량이 2제타바이트에 불과했던 것과 비교하면 약 80배 증가한 수치다. 특히 사물인터넷(IoT) 기기의 확산과 5G 통신망의 구축으로 인해 데이터 생산량은 기하급수적으로 증가하고 있다. CCTV, 산업용 기기, 스마트폰 등 연결된 장치 수가 많을수록 데이터 생성량은 폭증하기 때문이다.

데이터는 그 자체, 즉 원시 데이터 상태로는 크게 의미 있는 가치를 지니기 어렵다. 이는 단지 미가공된 정보의 집합에 불과하다. 인공지능이 이 데이터를 분석하고 가공함으로써 비로소 실행 가능한 정보로 전환된다. 다시 말해, 인공지능은 데이터를 활용해 그 가치를 실현하는 수단이라 할 수 있다. 이러한 개념은 인공지능이 데이터를 통해 불확실성을 줄이고, 유용한 정보 패턴을 추출함으로써 엔트로피를 감소시킨다는 섀넌(Claude Shannon)의 정보 엔트로피 이론과도 연결된다. 이 같은 메커니즘은 데이터 기반의 초지능성과 초연결성을 핵심으로 하는 제4차 산업혁명의 중심 원리로 작용한다. 세계경제포럼(WEF)이 인용한 연구에 따르면, 데이터와 인공지능의 결합은 2030년까지 전 세계적으로 약 13조 달러에 달하는 경제적 가치를 창출할 것으로 예상된다. 이는 주요 경제 대국의 국내 총생산(GDP)과 유사한 수준으로, 데이터가 지닌 경제적 중요성을 보여 준다. 넷플릭스는 추천 알고리즘을 통해 연간 10억 달러 이상의 가치를 창출하고 있으며, 아마존은 고객 데이터 기반의 수요 예측을 통해 재고 비용을 약 20% 절감하고 있다. 또한 구글은 검색 데이터를 활용한 광고 수익으로 연간 200억 달러 이상의 수익을 올리고 있다. 이처럼 데이터는 인공지능을 통해 경제적 재화로 전환되고 있다. 그러나 이러한 경제적 가치 창출과 동시에, 데이터는 감시, 편향, 사생활 침해 등의 윤리적 위험을 내포하기도 한다. 2018년의 케임브리지 애널리티카(Cambridge Analytica) 사건, 2021년 페이스북 내부 고발 사례, 인공지능의 인종차별적 오인식 문제 등이 그 대표적인 사례다.

데이터는 '디지털 사회의 원유'로 비유되곤 한다. 이는 원유처럼, 데이터도 수집된 이후 정제와 가공을 거쳐야 비로소 경제적 자산으로 활용될 수 있으며, 그렇게 함으로써 그 가치를 발휘하게 된다는 의미다. 다시 말해, 데이터는 디지털 사회, 특히 인공지능이 인프라로 작동하는 오늘날의 사회를 운영하는 데 필수적인 핵심 자원이자 자산이 된 것이다.

데이터를 소유한다는 것의 의미

'데이터 오너십(Data Ownership)'이라는 용어가 사용되기도 하는데, 데이터를 소유한다는 개념에 대해서는 오랜 기간 논의가 이뤄져 왔으며, 시대에 따라 다소 다른 접근이 시도되어 왔다. 이러한 논의들은 공통적으로 근대적 물권 개념의 소유권과는 차이가 있다는 점을 전제로 한다. 이 문제에 대한 논의의 시초로 평가받는 앨런 웨스틴(Alan Westin, 1923~2013)은 1967년 저서 《프라이버시와 자유(Privacy and Freedom)》에서, 프라이버시를 '자신에 관한 정보를 어떻게, 언제, 그리고 어느 정도까지 타인에게 전달할지를 스스로 결정할 수 있는 권리'로 정의했다. 이는 후에 개인의 정보 자기결정권(Informational Self-Determination) 개념으로 확장되었으며, 1983년 독일 연방헌법재판소의 인구 조사 판결

(BVerfGE 65, 1)을 통해 헌법상 권리로 인정받게 된다. 우리나라에서도 2005년 헌법재판소는 「주민등록법」 제17조의8 등에 대한 위헌 확인 사건(헌재 2005.5.26. 99헌마513 결정)에서, 헌법에 명시되어 있지 않던 개인정보 자기결정권을 헌법상 권리로 인정한다. 다만 웨스틴이 말한 데이터 소유 개념은 전통적인 물권적 의미의 소유권이라기보다는, 개인정보에 대한 통제권에 가까운 개념이었다. 그의 주장은 이후 1980년 「OECD 프라이버시 가이드라인(OECD Privacy Guidelines)」과 1981년 유럽의 「개인정보보호협약(CoE 108호 협약, Council of Europe Convention 108)」 등 국제적 규범의 형성에도 영향을 준 것으로 평가된다.

그런데 21세기에 들어서면서 데이터 소유 개념에 변화가 나타나기 시작했다. 데이터는 더 이상 단순히 소유하거나 보호해야 할 대상이 아니라, 경제적 유통과 활용이 가능한 자원으로 인식되기 시작한 것이다. 2016년 이후 세계경제포럼 등 주요 국제기구는 '데이터는 새로운 원유'라는 인식을 공유하며, 데이터의 활용과 거래에 대한 논의를 적극적으로 주도하고 있다. 유럽연합(EU)은 2017년 "데이터 소유권 백서(Building a European Data Economy – Data Ownership)"에서 데이터에 연관되는 권리를 '소유권에 유사한 권리(Ownership-like rights)', '개인적 권리(Individuals' rights)' 그리고 '경쟁법적 권리와 의무(Competition rights & Obligations)'로 분류했고, 데이터에 새로운 재산적 권리를 도입하는 문제에 대해 논의했다(김시열, 2021). 백서에 따르면 데이터에 전통적인 물권적 소유권 개념을 적용하는 데에는 본질적인 한계가 있으며, 접근권 · 이용권 등 새로운 형태의 권리 개념이 필요하다는 점을 지적한다. 이러한 한계의 이유로는 데이터의 비경합성, 비배타성, 복제와 공유의 용이성이 꼽힌다. 예를 들어, 위치 정보의 경우 이용자, 제조사, 플랫폼이 동시에 관여할 수 있기 때문에 단일한 소유권 귀속을 인정하기 어려운데, 이처럼 데이터 소유권에 대한 논의는 전통적인 단일 소유권 체계에서 벗어나, 새로운 권리 구조로의 접근이 필요하다는 것이 최근의 주류적 입장이다. 이러한 새로운 권리 구조는 데이터의 귀속과 보호뿐 아니라, 데이터의 관리와 거래에 관한 권리를 중심으로 설계된다. 이러한 흐름 속에서 EU는 「데이터 거버넌스법(Data Governance Act)」(2022)과 「데이터법(Data Act)」(2023)을 제정하여, 데이터의 접근권 · 사용권 · 이동권을 중심으로 한 권리 체계를 구축하고 있다.

한편, 오늘날 데이터는 공공재(Public Goods)로서의 성격도 함께 지닌다. 이는 현대 디지털 사회의 구조와 정책적 맥락, 그리고 데이터 고유의 비경합성 및 비배타성에서 비롯된다. 사회적으로 공공데이터, 연구데이터, 기후 정보, 교통 정보 등은 다수의 구성원이 함께 활용할수록 그 효용이 극대화되며, 이러한 데이터의 개방성과 접근성이 보장될수록 집단 지성과 사회적 혁신의 자원으로 기능하게 된다. 또한, 사용자가 많아질수록 더 많은 데이터가 생성되는 '네트워크 효과'를 통해 그 가치는 더욱 증폭된다. 이러한 특성은 데이터를 공공적 플랫폼 자산으로 이해할 수 있는 근거가 된다. 실제로 최근 정책적으로 추진된 '공공데이터 개방 정책'이나 '데이터 댐 사업' 등은 특정 데이터를 명시적으로 공공재로 정의하고, 그 접근성과 공유 가능성을 제도화한 사례라 할 수 있다.

현재의 데이터 소유권은 특정 물건에 대한 단일한 소유 개념이라기보다, 다양한 권리로 구성된 '권리의 다발(bundle of rights)'로 이해된다. 이는 데이터의 귀속, 그 가치의 보호, 나아가 데이터로부터의 가치 창출에 이르기까지 복합적으로 작용하는 여러 권리를 포괄하는 개념이다. 따라서 데이터 소유권은 권리의 귀속에 따른 권리 인정 문제, 해당 권리의 보호, 데이터 거래 과정에서 발생하는 법적 쟁점들을 모두 아우르는 개념으로 볼 수 있다. 결국 데이터 소유권은 단순한 권리 선언을 넘어, 데이터를 거래 가능한 자산으로 전환하고 활용 가능성을 보장하는 실질적인 제도적 · 기술적 기반이라 할 수 있다. 이러한 체계는 데이터 기반 인공지능 시스템의 공정성, 효율성, 신뢰성을 확보하고, 데이터 경제의 지속가능한 발전을 위한 핵심 인프라로 기능할 수 있게 한다.

데이터 소유 문제를 논의해야 하는 이유

데이터는 그 자체로 특별한 가치를 창출하기보다는, 수집된 데이터를 바탕으로 특정한 목적의 데이터세트를 구성하거나, 이를 활용해 산업적으로 경쟁력 있는 서비스를 창출함으로써 비로소 가치가 부여되는 특성을 지닌다. 즉, 데이터의 경제적 · 산업적 가치는 거래를 기반으로 형성된다. 그런데 거래가 성립하려면, 거래 대상이 누구의 것인지가 명확해야 한다. 타인의 자산을 임의로 제공하는 것은 법적으로 허용되기 어렵기 때문이다. 이러한 점에서 데이터 소유권은 데이터 거래의 전제 조건이자, 데이터 가치 창출의 출발점이라 할 수 있다.

그러나 현재 우리나라에서 데이터 소유권을 규정하는 단일한 법적 체계는 존재하지 않는다. 대신 여러 권리들이 개별적으로 작용하는, 일종의 '권리의 다발' 체계를 이루고 있다. 이러한 구조는 데이터 거래 과정에서 각 권리의 범위와 귀속 관계를 사전에 명확히 파악하고, 해당 권리의 이전까지 충실히 이행되어야 거래가 성립할 수 있음을 의미한다. 다시 말해, 데이터 소유 체계가 권리의 다발 형태를 띤다는 것은, 거래 과정에서 관련된 모든 권리의 존재와 내용을 정확히 확인해야 한다는 특성을 갖는다.

한편, 일부에서는 이러한 체계가 오히려 단일의 체계가 존재하는 경우보다 거래 비용을 줄일 수 있다는 지적이 있다. 또한 데이터에 단일한 소유권 체계가 적용된다면, 오히려 글로벌 플랫폼 기업의 독점적 지위를 강화할 수 있다는 비판도 존재한다(권영준, 2021). 데이터 소유권에 대한 어떠한 접근 방향이 옳은 것인지는 앞으로 계속 논의할 대상이다.

논의의 접근 방향

현재 우리나라의 법제도에서는 물권법적 접근 대신 지배적 권리 또는 접근.이용적 권리의 복합적인 구성, 그리고 「저작권법」, 「개인정보 보호법」, 「부정경쟁방지법」 등의 특별법을 통해 데이터를 간접적으로 보호하는 방식을 취하고 있다. 그러나 이러한 접근 방식은 보호 범위가 개별 법률의 목적과 요건에 따라 제한적으로 설정될 수밖에 없어, 데이터의 다양한 활용 형태와 유형을 모두 포괄적으로 보호하기에는 명확한 한계가 존재한다. 이로 인해 데이터의 유형과 성격에 따라 보호의 수준과 범위가 상이해지고, 데이터의 활용이나 거래 과정에서 법적 불확실성을 초래할 가능성도 배제할 수 없다.

특히 인공지능 기술의 빠른 발전과 데이터 기반 산업의 급속한 성장으로 인해 데이터의 경제적·재산적 가치가 지속적으로 증대되고 있는 현 상황에서, 법적 규율의 공백이나 불명확성은 향후 법률 분쟁 및 사회적 혼란을 야기할 가능성이 높다. 이에 데이터 소유 개념을 어떻게 법적으로 명확히 정립할 것인지, 나아가 데이터에 대한 접근권이나 이용권 등의 권리 구조를 법제상 어떻게 구성할 것인지가 중요한 법적 쟁점으로 부각되고 있다. 하지만 이 문제를 해결하는 것은 그리 간단하지 않다. 데이터 자체의 법적인 속성이 불분명할 뿐 아니라 복합적 구성물일 뿐 단일한 권리의 객체가 되지 않는다는 점, 그리고 공공성과 사적 이익성을 동시에 갖는 등의 학습데이터의 특성은 소유의 문제 해결에 구조적인 어려움을 준다.

이에 이 책에서는 종국적인 해결책의 모색을 향후의 과제로 남겨 놓고, 현재 우리 법체계가 채택하고 있는 데이터 소유권 체계를 구성하는 '권리의 다발'의 각 내용을 구체적으로 살펴보고 이해하는 기회를 갖고자 한다. 이를 위해 먼저 데이터 소유권 체계의 기본 전제를 검토하고, 다양한 접근 방향을 살펴보며, 「저작권법」과 「부정경쟁방지법」을 비롯해 개인정보 보호, 데이터 거래 등 관련 법령과 제도를 통해 권리의 구성 요소를 명확히 파악하는 것을 목표로 한다. 이러한 분석을 통해, 현재의 데이터 소유권 체계가 초래한 법적 규율과 실제 데이터 거래 인식 사이의 괴리를 해소할 수 있을 것으로 생각한다. 또한 이를 바탕으로 해 향후 궁극적인 문제 해결을 위한 논의를 효과적으로 이어 갈 수 있을 것으로 생각한다.

참고문헌

권영준(2021.7). "데이터 귀속·보호·거래에 관한 법리 체계와 방향". 《데이터와 법》. 이성엽 편. 박영사 ; 권영준(2021.2). 상동. 《비교사법》, 28(1), 1-43쪽, https://www.dbpia.co.kr/journal/articleDetail?nodeId=NODE10532864

김시열(2021). "지식재산권 분야 데이터 소유권 논의의 평가 및

방향성 검토". 《법학논총》, 51, 131-159쪽,
https://www.kci.go.kr/kciportal/ci/sereArticleSearch/ciSereArtiView.kci?sereArticleSearchBean.artiId=ART002760084

Assembly California Legislature(2025.5.28). Joint informational hearing Assembly Health and Privacy & Consumer Protection Committees. Generative artificial intelligence in health care: Opportunities, challenges, and policy implications,
https://apcp.assembly.ca.gov/system/files/2025-05/background-paper-genai-in-health-care-joint-asm-health-privacy-hearing-5.28.pdf

01
인공지능 데이터의 특성

인공지능 모델은 학습데이터에 의해 성능이 결정된다. 학습데이터는 그 규모와 다양성, 비정형성, 재활용성 등의 특성이 있고, 이 특성은 곧 데이터의 핵심적인 가치를 만들어 낸다. 이는 인공지능에서 데이터가 단순한 정보가 아닌 핵심적인 자산이자 자원으로 기능함을 보여 준다. 이는 데이터 소유 문제가 기술 주도권과 직결되는 핵심 이슈임을 시사한다.

기후 위기와 인공지능?

인공지능 모델의 발전과 학습데이터

인공지능이 최적의 성능을 발휘하기 위해 가장 중요한 요소는 무엇보다 학습데이터다. 인공지능 모델은 충분하고 다양한 데이터를 통해 학습함으로써 성능을 향상할 수 있기 때문이다. 머신 러닝에서 딥 러닝에 이르기까지, 학습데이터는 인공지능 모델이 패턴을 익히고 새로운 상황에 대응할 수 있도록 하는 핵심 기반이다. 특히 대규모 언어 모델(LLM, Large Language Model)의 경우, 방대한 양의 데이터를 통해 언어적 감각과 문맥을 이해하게 되므로, 학습데이터의 중요성이 더욱 강조된다.

머신 러닝(Machine Learning)은 인공지능의 한 분야로, 데이터 속에서 일정한 패턴을 찾아내는 기술이다. 특히 입력과 결과 간의 관계를 설명하는 패턴을 학습하는 데 중점을 둔다(Stöffelbauer, 2023). 인공지능 모델이 스스로 규칙을 발견하려면, 먼저 학습 과정이 선행되어야 하며, 이때 사용되는 것이 바로 학습데이터(Training Data)다. 학습데이터는 인공지능 모델이 학습할 수 있도록 제공되는 입력값과 그에 대응하는 정답(레이블, Label)을 모아 놓은 자료라고 할 수 있다. 예를 들어 고양이와 개를 구분하는 이미지 인식 모델을 생각해 본다. 이 모델은 처음에는 고양이와 개를 정확히 구별하지 못하기 때문에, 사람이 고양이와 개가 포함된 이미지를 매우 많이 제공해 주어야 한다. 이러한 방식은 '지도 학습(Supervised Learning)'이라고 불리며, 각 이미지에는 정답(레이블)이 함께 붙어 있어 모델이 예측해야 할 대상이 무엇인지 알 수 있게 된다. 이때 학습데이터는 다양하고 방대할수록 좋다. 이는 인공지능 모델이 다양한 상황에서도 일관된 패턴을 학습할 수 있게 하기 위함이다. 앞에 언급한 사례에서 고양이 이미지가 대부분인 학습데이터를 제공하면, 모델은 상대적으로 개를 잘 구분하지 못할 것이다. 따라서 고양이와 개의 이미지를 균형 있게 충분히 제공하고, 다양한 배경과 각도에서 촬영된 이미지를 포함해 제공해야 모델이 고양이와 개의 일반적인 특징을 정확히 학습할 수 있다. 결국 머신 러닝에서 가장 핵심적인 요소는 양질의 학습데이터라고 할 수 있다.

한편, 머신 러닝의 한 유형인 딥 러닝(Deep Learning)은 인공 신경망(Artificial Neural Network)을 기반으로 방대한 데이터로부터 고차원적인 패턴을 학습하는 기술이다(Stöffelbauer, 2023). 딥 러닝은 사람의 뇌에서 신호를 전달하는 뉴런의 연결 구조를 모방한 여러 층(layer)의 노드들로 구성되어 있으며, 단순한 머신 러닝보다 훨씬 복잡한 패턴까지 스스로 학습할 수 있다. 특히 딥 러닝은 레이블이 지정되지 않은 데이터도 학습 가능한 비지도 학습(Unsupervised Learning)을 사용할 수 있기 때문에, 비정형 데이터에 대해서도 정확한 출력을 만드는 데 필요한 패턴 등을 추출할 수 있다(Holdsworth & Scapicchio, 2024). 이러한 능력으로 이미지나 자연어 같은 비정형 데이터에서도 정밀도를 높인 결과를 얻을 수 있게 된다.

딥 러닝의 학습 방식은 기본적으로 머신 러닝과 유사하지만, 학습해야 할 파라미터(Parameter, 매개 변수)의 수가 훨씬 많고, 요구되는 데이터의 규모도 훨씬 크다는 점에서 차이가 있다. 예를 들어, 딥 러닝 이전에는 이미지에서 필요한 특성을 사람이 직접 추출해야 했지만, 딥 러닝은 합성곱 신경망(CNN, Convolutional Neural Network) 같은 구조를 통해 이미지의 저수준 정보(예: 모서리, 색상 등)부터 고수준 의미(예: 고양이, 개 등)까지 계층적으로 학습할 수 있게 되었다. 다만, 이러한 학습이 가능하려면 막대한 양의 데이터와 높은 수준의 컴퓨팅 자원이 필수적이다(Holdsworth & Scapicchio, 2024). 이처럼 대규모 데이터와 신경망 기반 딥 러닝의 결합은 과거에는 불가능해 보였던 높은 수준의 기능적 정확도를 달성하게 했고, 인공지능 기술의 비약적인 발전을 이끄는 전환점이 되었다.

최근 우리 생활과 밀접하게 연결된 LLM은 딥 러닝의 한 형태로, 언어 데이터를 처리하는 데 특화된 모델을 의미한다. 이는 방대한 텍스트로부터 언어 패턴을 학습한 거대 신경망이며, 오픈AI(OpenAI)의 GPT 시리즈가 대표적인 사례다.

LLM은 기본적으로 딥 러닝과 유사한 원리를 따르지만, 학습데이터의 규모와 처리 방식에서 몇 가지 차이점이 있다.

첫째는 학습데이터의 방대한 규모다. 일반적인 딥 러닝 모델도 많은 양의 데이터를 필요로 하지만, LLM은 그보다 훨씬 더 방대한 데이터를 요구한다. 예를 들어 GPT-3는 도서, 웹 문서 등 인터넷에서 수집한 수천억 개의 단어를 학습했으며, 이로 인해 역사, 과학, 일상 언어 등 다양한 주제에 대한 지식을 어느 정도 습득하게 된다. 학습데이터의 양이 늘어날수록 모델 내부의 파라미터 수도 증가하며, 증가한 파라미터 수로 인해 더욱 정교한 예측과 추론이 가능해진다. 여기서 파라미터란, 학습을 통해 조정된 수치로, LLM이 언어의 규칙과 의미를 내재화하는 일종의 기억 장치 역할을 한다.

둘째, LLM은 자기 지도 학습(Self-supervised Learning) 방식을 통해 훈련된다는 점에서 차이가 있다. 이는 사람이 일일이 정답(레이블)을 부여하지 않아도, 데이터 자체에서 정답을 유추해 학습하는 방식이다. GPT의 경우, 문장에서 다음에 올 단어를 예측하는 훈련을 반복하면서 언어를 학습하게 된다. 초기에는 부적절한 단어를 선택하는 경우도 있지만, 텍스트를 반복적으로 읽고 예측하는 과정을 거치면서 점차 문맥에 맞는 적절한 단어를 선택할 수 있는 능력을 높이게 된다. 이처럼 한번 거대한 말뭉치(corpus)를 학습하면, 추가적인 지시 없이도 일반적인 질문에 답하거나 요약 · 번역 등 다양한 언어 작업을 수행할 수 있게 된다.

다만 이러한 언어 모델의 학습 결과는 사용된 데이터의 한계에 영향을 받는다. 학습데이터에 포함된 편향이나 부정확한 정보가 그대로 모델에 반영될 수 있기 때문이다. 따라서 LLM의 성능과 신뢰성은 학습데이터의 품질에 크게 좌우된다.

인공지능 학습데이터의 특징

인공지능 학습데이터의 핵심적인 특징은 과거와는 비교할 수 없을 정도로 방대한 규모의 데이터양을 지니고 있다는 점이다. 딥 러닝 모델이 복잡한 패턴을 효과적으로 학습하기 위해서는 수백만에서 수십억 건에 이르는 데이터가 필요하기 때문이다. 이처럼 학습된 데이터양의 증가는 인공지능 모델의 성능 향상으로 직결될 수 있다. 이러한 이유로 최근 LLM 업계는 모델의 복잡도를 높이는 동시에 학습데이터의 규모를 지속적으로 확대하는 경향을 보이고 있다. 예를 들어, 오픈AI가 개발한 GPT 시리즈를 보면, 1세대 GPT-1은 약 5GB 분량의 텍스트 데이터를 학습에 사용했지만, GPT-3는 그보다 수천 배에 달하는 약 45TB 규모의 데이터를 기반으로 훈련되었다(Zhang, 2023). 이처럼 학습데이터의 양이 기하급수적으로 증가하면서, GPT-3는 1,750억 개의 파라미터를 가진 초거대 신경망으로 발전할 수 있었고, 보다 정교한 언어 구사가 가능해질 수 있었다. 이는 대규모 학습데이터가 오늘날 인공지능 모델의 성능과 진화를 뒷받침하는 핵심 기반임을 잘 보여 주는 사례라 할 수 있다.

또 다른 특징으로는 인공지능이 학습하는 데이터에서 비정형 데이터의 비중이 매우 높다는 점이다. 정형 데이터가 행과 열로 구조화된 표 형식의 데이터라면, 비정형 데이터는 구조화되지 않은 텍스트, 이미지, 오디오, 영상 등의 형태를 말한다. 최근 생성되고 축적되는 정보의 대부분은 이러한 비정형 데이터이며, 전체 데이터의 약 80

~90%를 차지한다고 한다(Harbert, 2021). 딥 러닝 기술이 발달하면서, 과거에는 분석이 어려웠던 방대한 양의 비정형 데이터를 대상으로도 특징을 추출하고 학습하는 것이 가능해졌다. 이에 따라 이러한 비정형 데이터 역시 의사결정이나 예측 등의 다양한 분야에서 본격적으로 활용되기 시작했다. 비정형 데이터에 대한 학습 능력은 인공지능 모델이 현실 세계의 복잡한 정보를 보다 정밀하게 이해하고 처리할 수 있도록 하는 핵심적인 기반 기술이라 할 수 있다.

한편 학습데이터의 다양성은 인공지능 모델의 성능과 공정성에서 매우 중요한 요소다. 다양성은 하나의 유형이나 출처에 국한되지 않고, 여러 가지의 형식과 내용, 출처를 아우르는 것을 의미한다. 예를 들어 이미지 인식 모델을 학습시킬 때, 고양이 사진만 수집하는 것보다 고양이 이외의 개, 말, 자동차 등 다양한 객체의 이미지를 여러 각도와 환경에서 고르게 수집하는 편이 모델의 일반화 능력을 더욱 향상할 수 있다. 언어 모델의 경우에도, 일상 대화체, 공식 문서, 문학 작품, 학술 논문 등 다양한 종류의 언어 데이터를 학습에 포함해야 폭넓은 언어 이해와 생성 능력을 갖출 수 있다. 이러한 데이터 다양성은 인공지능 모델이 특정 유형의 데이터에 편향되지 않고, 보다 포괄적이고 균형 잡힌 학습을 수행하는 데에도 필수적이다. 따라서 학습데이터의 다양성을 확보하는 일은 인공지능 모델의 신뢰성과 공정성을 높이는 데 밀접한 관련을 갖는다.

마지막으로, 학습데이터는 반복적으로 활용할 수 있으며, 다른 목적으로도 재사용이 가능하다는 특징을 지닌다. 이를 '학습데이터의 재활용성'이라 하며, 이 특징은 인공지능 발전에 크게 기여하고 있다. 학습데이터를 구축하는 데에는 상당한 시간과 비용이 소요되지만, 일단 구축된 데이터를 여러 인공지능 모델에서 다양한 목적으로 활용할 수 있다면, 개발 효율성과 생산성을 크게 높일 수 있기 때문이다. 공개 데이터를 활용한 연구나 산업적 응용의 가치가 높게 평가되는 이유도 바로 이러한 재활용성에 있다.

참고문헌

Harbert, T.(2021.2.1). Tapping the power of unstructured data. *MIT Sloan School of Management,* https://mitsloan.mit.edu/ideas-made-to-matter/tapping-power-unstructured-data

Holdsworth, J. & Scapicchio, M.(2024.6.17). What is deep learning? *IBM,* https://www.ibm.com/think/topics/deep-learning

Stöffelbauer, A.(2023.10.24). How large language models work: From zero to ChatGPT. *Medium,* https://medium.com/data-science-at-microsoft/how-large-language-models-work-91c362f5b78f

Zhang, D.(2023.5.4). Should ChatGPT and Bard share revenue with their data providers? A new business model for the AI era. *ArXiv,* https://arxiv.org/abs/2305.02555

02
데이터의 개념

데이터는 단일한 의미를 지니지 않는다. 법적인 측면에서 데이터에 대한 정의는 법률마다 상이해 단일 개념으로 규정하기 어렵다. 또한 데이터 소유권 논의는 각 정의의 맥락별 특수성을 고려해 분절적 권리 구조로 접근해야 한다. 한편 데이터는 다양한 유형으로 나뉘며, 이러한 유형화는 데이터 소유의 대상을 다루는 데 핵심적인 분석틀이 된다.

노래하는 AI 보컬?

데이터의 다양한 법적 정의

우리가 논의하고 있는 데이터는 일상적으로는 막연하게나마 이해되기 쉬운 개념이지만, 실제로는 법률마다 상이하게 정의되고 있다. 데이터와 관련된 규범 중 대표적인 법령으로는 「데이터 산업진흥 및 이용촉진에 관한 기본법」(이하 「데이터산업법」), 「공공데이터의 제공 및 이용 활성화에 관한 법률」(이하 「공공데이터법」), 「개인정보 보호법」이 있다. 「데이터산업법」은 민간 부문에서 유통·활용되는 데이터를 대상으로 한 거버넌스 체계를 제시하는 법이고, 「공공데이터법」은 공공기관이 보유한 데이터를 민간이 활용할 수 있도록 해 산업 발전을 도모하는 것을 목적으로 한다. 한편 「개인정보 보호법」은 개인정보에 해당하는 데이터를 보호 중심의 관점에서 규율하는 법으로, 보호적 데이터 거버넌스 체계를 제시한다고 볼 수 있다(정용찬, 2022). 이 외에도 다양한 목적을 가진 여러 법령이 데이터의 활용과 보호를 규율하며, 각기 다른 방식으로 데이터의 개념을 정의하고 있다.

이 가운데 가장 기본이 되는 법령인 「데이터산업법」은 데이터를 "다양한 부가가치 창출을 위해 관찰·실험·조사·수집 등의 방법으로 취득되거나, 정보 시스템이나 소프트웨어 등을 통해 생성된 것으로서, 광(光)

또는 전자적 방식으로 처리될 수 있는 자료 또는 정보"로 정의한다. 이때 정의에서 언급된 소프트웨어의 개념은 「소프트웨어 진흥법」 제2조 제1호에 따라, 컴퓨터나 통신 장비 등에서 명령 · 제어 · 처리 · 입력 · 저장 · 출력 · 상호작용이 가능하도록 하는 일련의 지시나 명령의 집합(음성 · 영상정보 포함)과, 이에 수반되는 기술서 및 관련 자료를 포함하는 포괄적 개념으로 이해된다.

「데이터산업법」의 정의를 조금 더 구체적으로 살펴보면, 이 법은 데이터를 사람에 의해 수집된 '획득형 데이터'와 시스템에 의해 생성된 '자동 생성형 데이터'로 구분하는 틀을 전제로 한다. 전자는 사람이 직접 환경이나 대상을 관찰하거나 조사해 정보를 확보하는 경우를 말하며, 기후 측정을 위한 실험이나 시장 조사를 통한 설문 응답 데이터 등이 이에 해당한다. 이러한 데이터는 의도적인 수집 행위를 전제로 한다. 반면 후자는 정보 시스템이나 소프트웨어가 운영되는 과정에서 자동적으로 생성되는 데이터를 의미하며, 예컨대 센서가 기록하는 온도 변화, 웹사이트 접속 로그, 앱 사용 중 발생하는 클릭 패턴 등이 이에 해당한다. 한편, 정의에서 명시된 소프트웨어는 단순한 소스코드에 한정되지 않으며, 컴퓨터 등의 장비 작동을 가능하게 하는 전체 명령 체계뿐 아니라 관련된 기술 문서나 설명서 등도 포함한다. 따라서 소프트웨어에 의해 직접 또는 간접적으로 생성되는 정보 역시 데이터의 범주에 포함될 수 있다. 이처럼 「데이터산업법」은 인간의 행위를 통한 수집과 시스템 작동에 따른 생성 양측 모두를 아우르는 포괄적 접근을 취하고 있다.

다음으로, 이처럼 확보된 데이터는 '광(光)' 또는 '전자적 방식'으로 처리 가능해야 한다는 요건이 따른다. 이는 해당 정보가 산업적 자산으로 기능하기 위한 기술적 요건을 설명하는 것으로, 디지털 환경에서의 활용 가능성을 전제한다.

여기서 광 방식은 CD, DVD, QR 코드, 바코드 인식 등 광학 기술을 이용한 정보 저장 및 처리 방식을 의미하며, 전자적 방식은 하드 디스크 저장, 데이터베이스 연산 등 컴퓨터 기반의 디지털 정보 처리 방식을 말한다. 따라서 데이터로 인정되기 위해서는 디지털 전환이 가능해야 하며, 아날로그 형태의 정보는 해당되지 않는다는 점이 명확히 전제된다.

이처럼 처리 가능한 데이터는 '자료' 또는 '정보'의 형태로 존재할 수 있다. 자료(raw data)는 아직 가공되지 않은 상태의 원시 기록을 의미하고, 정보(information)는 일정한 분석이나 해석을 통해 의미가 부여된 상태의 자료를 말한다. 이에 따라 데이터는 반드시 구조화된 정형의 형태일 필요는 없으며, 텍스트 · 음성 · 이미지 같은 비정형 데이터도 모두 포함될 수 있다.

「데이터산업법」 외에도 데이터에 대한 정의는 법령에 따라 다양하게 나타난다. 예를 들어, 「산업 디지털 전환 촉진법」(이하 「산업디지털전환법」)은 산업 데이터에 대해, 산업 · 광업 · 에너지 및 신재생에너지 관련 산업의 제품 또는 서비스의 개발, 생산, 유통, 소비 등 일련의 활동 과정에서 생성되거나 활용되는 모든 자료 또는 정보를 지칭하며, 이 또한 광(光) 또는 전자적 방식으로 처리될 수 있어야 한다고 규정한다(제2조 제1호). 「공공데이터법」은 공공기관이 법령에서 정한 목적을 위해 생성 또는 취득해 관리하고 있는 자료 또는 정보를 공공데이터로 정의하며, 이는 「전자정부법」, 「지능정보화기본법」, 「공공기록물관리법」 등에서 규정된 행정 정보 또는 전자 기록물 중 대통령령으로 정하는 정보를 포함한다(제2조 제1호). 또한 「지능정보화기본법」은 데이터를 부호, 문자, 음성, 음향, 영상 등으로 표현된 자료 또는 지식으로 정의하고 있으며, 「데이터 기반 행정 활성화에 관한 법률」은 데이터를 기계에 의해 판독 가능한 형태로 존재하는 정형 또는 비정형 정보로 규정한다. 이들은 각기 다른 법적 · 제도적 목적에 따라, 데이터의 성격과 범위를 달리 규정하고 있다(과학기술정보통신부, 2024).

결국 데이터의 개념은 이를 다루는 법적 · 제도적 맥락에 따라 그 정의가 달라질 수밖에 없으며, 이를 단일한 데이터 개념으로 통일하는 데는 현실적 한계가 존재한다. 이러한 다의성은 데이터 소유권 논의에서 핵심적인 문제를 야기하는데, 소유 대상인 데이터가 명확히 특정되지 않으면 귀속 주체나 보호 범위를 설정하기 어렵기 때문이다. 따라서 데이터 소유에 관한 논의는 일률적이고 포괄적인 규율보다는, 정의의 맥락별 특수성을 고려한 분절적 권리 구조로 접근할 필요가 있다.

데이터의 유형1:
데이터 처리 및 가공 정도에 따른 유형 구분

데이터는 처리 및 가공의 정도에 따라 유형화할 수 있으며, 이러한 구분은 데이터의 권리 귀속, 거래, 활용 등에 중요한 기준으로 작용한다. 특히 데이터 산업과 관련해서는 데이터를 원천 데이터, 가공 데이터, 분석 데이터, 데이터 분석 모델로 구분하는 방식이 점차 정착되고 있다(정원준, 2022).

먼저 원천 데이터는 정보가 최초로 생성되는 단계에

서 별도의 가공 없이 수집된 데이터를 의미한다. 이는 거래 기록, 센서 수집값, 로그 정보 등의 형태로 존재하며, 생성 주체에 의해 직접 생산된 데이터로, 아직 의미 있는 정보로 정제되지 않은 상태를 말한다. 일반적으로 데이터의 용량은 크지만 정보 밀도는 낮아 직접 활용하기에는 제한이 있으며, 분석 목적에 따라 자유롭게 가공할 수 있다는 점에서 활용의 유연성을 갖는다. 다만, 분석 이전 단계에서 전처리 과정을 필수적으로 요구하기 때문에 시간과 비용 측면에서 부담이 발생할 수 있다.

다음으로 가공 데이터는 원천 데이터에 분석 목적이나 법적·제도적 요구 사항을 충족시키기 위한 처리 과정을 거친 데이터를 말한다. 예를 들어, 중복 제거, 오류 수정 등 데이터 품질 향상을 위한 정제 작업이나, 개인정보 보호를 위한 비식별화 등 내용의 희석 절차가 이에 해당한다. 가공 데이터는 대용량 전송 부담과 전처리 비용을 줄일 수 있어 데이터 거래 시장에서 주로 유통되지만, 가공 방식이 수요자의 목적과 부합하지 않을 경우, 활용의 정확성이 저하될 수 있다는 한계도 있다.

분석 데이터는 특정 목적을 달성하기 위해 데이터를 인간이 해석 가능한 형태로 가공한 결과물을 의미한다. 과거에는 이를 일반적으로 '정보'로 개념화해 데이터와 구분하기도 했으나, 최근 자연어 처리 등 비정형 데이터의 기계적 처리 기술이 발달하면서 분석 데이터 역시 독립적인 거래 대상으로 인식되고 있다. 분석 데이터는 데이터의 실질적 활용 단계에서 수요자가 즉시 사용할 수 있는 형태를 갖추고 있으며, 통계 분석 리포트, 시각화된 그래프, 요약 리포트 등이 그 대표적인 예라 할 수 있다.

마지막으로 데이터 분석 모델은 데이터를 기반으로 인공지능이나 머신 러닝 등의 알고리즘을 적용해 도출된 결과를 다시 모델화한 것으로, 그 자체가 하나의 상품으로 거래된다. 분석 모델은 고정된 형태로 제공되기도 하고, API 등을 통해 실시간 분석 결과를 수요자에게 맞춤형으로 제공하는 서비스 형태로도 활용된다. 이 경우, 거래 대상은 데이터 그 자체라기보다는 분석 역량과 결과물의 알고리즘화된 산출물이며, 법적 보호 및 권리 귀속의 핵심 대상도 여기에 놓인다.

이러한 구분은 단순한 기술적 분류를 넘어, 각 단계에서의 데이터 권리 귀속, 책임 주체, 거래 조건 등을 결정짓는 기준으로 기능한다. 데이터의 법적 규율과 정책적 설계에서 필수적인 개념 틀이라고 할 수 있다.

데이터의 유형2:
개인정보 해당 여부에 따른 유형 구분

다음으로는 개인정보 해당 여부에 따라 유형화가 가능하다. 데이터는 개인정보에 해당하는지에 따라 크게 두 가지 유형으로 나눌 수 있다. 우선, 개인정보에 해당하는 데이터는 「개인정보 보호법」상의 정의에 따라 개인을 식별할 수 있는 정보이거나, 다른 정보와 결합해 식별이 가능한 정보, 또는 가명 처리된 정보로서 추가 정보 없이는 특정 개인을 알아볼 수 없는 정보 등을 포괄한다. 개인정보는 본질적으로 개인의 동일성을 드러낼 수 있는 요소이기 때문에, 법적으로 엄격한 보호 대상이 되며, 그 자체로는 유통이나 상업적 거래의 대상이 될 수 없다. 이러한 데이터는 반드시 가명 처리나 익명 처리 같은 적절한 보호조치를 거쳐야만 제한적인 범위 내에서 활용이 가능하다. 반면, 비(非)개인정보는 개인 식별과 관련이 없는 데이터로, 예를 들어 기계 장치에서 자동으로 수집되는 운영 데이터나 기업의 업무 과정에서 생성되는 각종 기록이 이에 해당한다. 익명화된 개인정보나 통계 자료도 일정한 조건을 충족하는 경우에는 비개인정보로 간주된다. 특히 기업 간 데이터 거래에서 비개인정보라고 하더라도, 그 내용에 따라 법적 제한이 발생할 수 있기 때문에 데이터의 성격을 면밀히 파악하는 것이 중요하다.

데이터의 유형3:
데이터 구조화 여부에 따른 유형 구분

마지막으로, 데이터는 구조화 여부에 따라 정형 데이터와 비정형 데이터로 구분할 수 있다. 이러한 구분은 데이터의 저장 방식, 법적 보호, 활용 가능성 등 다양한 측면에서 실질적인 차이를 발생시킨다.

정형 데이터는 엑셀 시트나 관계형 데이터베이스처럼, 행과 열, 테이블 등 일정한 규칙에 따라 구성된 데이터를 말한다. 이처럼 구조가 명확하고 규칙적인 데이터는 검색과 분석이 용이하다. 또한 「저작권법」 제93조에 의해 데이터베이스제작자에게 일정한 권리가 부여되므로, 비록 저작권은 아니더라도 일정한 수준의 법적 보호를 받을 수 있다. 이로 인해 거래나 유통 시 권리관계가 비교적 명확하고, 법적 분쟁의 위험도 낮은 편이다.

반면, 비정형 데이터는 정해진 형식 없이 자유로운 형태로 구성된 데이터를 의미한다. 동영상, 이미지, 오디오 파일, 자연어로 작성된 문서나 이메일 본문 등이 이에 해당한다. 이러한 데이터는 구조가 불규칙하고, 내용이 복합적이기 때문에 자동 분석이나 가공이 상대적으로 어렵다. 또한 개인정보가 포함되어 있을 가능성이 높아, 그 여부를 판별하거나 가명 처리를 하는 데 기술적 · 법적 어려움이 뒤따를 수 있다(과학기술정보통신부, 2024).

데이터 유형화의 의의

데이터를 위와 같이 유형화하는 것은, 데이터가 소유 또는 통제의 대상이 될 수 있는지를 판단하기 위해 무엇을 대상으로, 어떤 방식으로, 누구의 권리로 귀속시킬 것인지를 결정하는 기초적 기준이 되므로, 데이터 소유에 관한 논의에서 중요한 의미를 갖는다. 이러한 유형화를 통해 데이터가 어떠한 방식으로 생성 · 처리되었는지, 개인 식별성 같은 법적 제한 요소가 존재하는지, 정보 구조의 체계성이 어떠한지를 구분할 수 있게 된다. 이는 곧 인공지능 학습 과정에 투입되는 데이터가 법적 귀속의 대상이 될 수 있는지, 아니면 단순히 통제 및 이용 조절의 대상에 불과한 것인지를 판단하는 데 중요한 기준이 된다. 따라서 이와 같은 유형화는 데이터 권리 주체를 특정하고, 법적 보호의 범위를 설정하고, 데이터 기반 인공지능 시스템의 설계와 거래에서 권리 충돌을 예방하는 데 기여하는 핵심적인 분석틀이라고 할 수 있다.

참고문헌

과학기술정보통신부(2024.10.31). "데이터 표준계약서 및 활용 안내서", https://www.msit.go.kr/bbs/view.do?sCode=user&bbsSeqNo=67&nttSeqNo=3139474

정용찬(2022). "데이터 거버넌스". 인하대학교 법학연구소 AI·데이터법 센터 편. 《데이터법》. 세창출판사.

정원준(2022.10.31). "데이터 거래 및 유통 활성화를 위한 법제 연구". 한국법제연구원, https://www.klri.re.kr/kor/publication/2124/view.do

03

다양한 형태의 데이터 활용 유형

데이터 활용은 실시간 시스템 중심 접근과 인공지능 모델 학습 중심 접근으로 구분된다. 각 접근에 따라 소유권의 작용 방식과 범위가 달라질 수 있다. 두 가지 접근의 구별은 단순한 기술적 분류를 넘어, 인공지능 데이터 소유 논의에서 데이터가 어떤 방식으로 작용하는지, 그리고 누구에게 어떤 법적 지위로 귀속되는지를 판단하는 핵심적 분석틀을 제공한다.

인공지능과 편향?

데이터 활용의 두 가지 접근 형태

인공지능 데이터 소유권에 대한 논의에서 데이터 활용의 모습을 구분하는 것은 매우 중요한 전제다. 이는 데이터가 생성 · 활용되는 구체적 맥락에 따라 소유권의 작용 방식과 범위가 달라질 수 있기 때문이다.

데이터 소유의 전제로서 데이터 활용 유형은 크게 '실시간 시스템 활용 중심 접근'과 '인공지능 모델 학습에 대한 데이터 작용 중심 접근'으로 구분할 수 있다.

첫째 유형인 실시간 시스템 활용 중심 접근은 자율주행차, 스마트 공장, 스마트 팜, 웨어러블 헬스 기기 등과 같이 현실 공간에서 센서나 장치가 데이터를 직접 수집하고 이를 즉시 처리 · 활용하는 사례를 말한다. 이 경우, 데이터는 단순히 학습 재료에 머무르지 않고, 장치의 작동과 판단에 즉각적으로 연결되는 운영 자원으로 기능한다. 따라서 데이터의 생산 주체(예: 센서 설치자, 기기 소유자)와 관리 · 활용 주체(예: 운영 소프트웨어 제공자, 플랫폼 사업자) 간의 권리관계가 복합적으로 얽히며, 소유 · 이용 · 통제의 기준이 다층적으로 작동하게 된다.

반면 둘째 유형인 인공지능 모델 학습 중심 접근은 데이터가 직접 서비스나 장비 운영에 개입하지 않고, 모델의 정확도 향상이나 추론 능력 강화를 위한 학습 재료로 기능하는 경우를 의미한다. 이때 데이터는 모델 성능을 좌우하는 핵심 자산으로 간주되며, 데이터의 출처, 범위, 품질, 법적 정당성 여부가 중요한 쟁점이 된다. 대규모 언어 모델이나 의료 진단용 AI의 경우, 인터넷상의 텍스트, 의료 영상, 특허 데이터 등 다양한 출처의 데이터가 활용되며, 데이터 수집자와 모델 개발자 간의 권리 귀속 문제뿐 아니라 저작권, 개인정보, 비식별화 등의 데이터 사용 조건이 핵심 쟁점으로 부상한다. 따라서 이 접근에서는 데이터 자체보다는 그 활용 목적과 범위, 그리고 활용 결과물에 대한 권리 귀속이 중심에 놓인다.

이처럼 두 가지 접근의 구별은 단순한 기술적 분류를 넘어, 인공지능 데이터 소유 논의에서 데이터가 어떤 방식으로 작용하는지, 그리고 누구에게 어떤 법적 지위로 귀속되는지를 판단하는 핵심적 분석틀을 제공한다.

실시간 시스템 활용 중심 접근 유형

첫째로는, 자율주행차에서 실시간으로 수집되는 데이터 유형이 있다. 자율주행차는 복잡한 도로 환경 속에서도 스스로 판단하고 주행하기 위해 다양한 종류의 데이터를 실시간으로 수집한다. 차량에 부착된 라이다

(LiDAR), 레이더, 카메라, GPS, 속도계 등의 센서를 통해 차량 주변의 물리적 환경을 분석하며, 수집되는 정보에는 도로 선형, 차선, 신호등 상태, 보행자 거리, 앞차 간격, 속도 등이 포함된다. 이 데이터는 차량 내 컴퓨터에서 실시간으로 처리된다. 예를 들어, 테슬라는 차량에서 수집한 도로 주행 데이터를 중앙 서버로 전송해 자사의 인공지능 모델을 훈련시키는 데 활용하고 있다. 이 과정에서 수집된 데이터는 단순히 차량의 운행을 위한 정보에 그치지 않고, 인공지능 알고리즘을 지속적으로 개선하는 데 중요한 학습 자원이 된다. 이러한 데이터의 흐름에는 다양한 주체가 관여하게 된다. 차량 소유자인 운전자, 제조사(예: 테슬라), 클라우드 서버 제공자, 플랫폼 소프트웨어 개발사, 심지어 보험사도 주행 데이터를 통해 사고 판단이나 요율 산정에 개입할 수 있다. 따라서 데이터는 단일 소유자가 통제하기 어려운 구조를 가지며, 법적으로는 데이터의 주체성을 어떻게 구성할 것인가가 핵심 쟁점이 된다. 특히 자율주행차의 데이터는 공공 공간에서 수집된다는 점에서 프라이버시와 공공성, 상업성과 소유권 사이의 경계가 불분명해지는 특성이 있다.

둘째, 자동화된 생산 환경에서 생성되는 시스템 기반

데이터(스마트 공장)에 관한 유형이다. 스마트 공장은 생산 과정의 효율성을 높이기 위해 공정 자동화와 데이터 기반 의사결정을 결합한 시스템이다. 여기서 데이터를 생성하는 주체는 사람보다 기계다. 예를 들어, 스마트 팩토리에서는 로봇 팔이 제품을 조립하면서 발생하는 온도, 진동, 시간, 품질 등 모든 요소가 센서에 의해 자동으로 기록된다. 이렇게 수집된 데이터는 로컬 서버 혹은 클라우드로 실시간 전송되어 공정 이상을 사전에 감지하거나 유지 보수 일정을 예측하는 데 활용된다. 이러한 환경에서는 데이터 생성자가 명확하지 않게 된다. 기계 장비가 데이터를 자동으로 만들어 낸 경우, 해당 데이터를 사용할 수 있는 권리는 누구에게 귀속되는가? 공장 운영자가 소유권을 주장할 수도 있고, 기계를 만든 제조사가 제품 유지 및 개선을 위한 목적으로 활용하고자 할 수도 있다. 또한, 이를 분석하는 제3의 인공지능 솔루션 기업도 관련 데이터를 필요로 할 수 있다. 한편, 제조사가 자사 기계가 수집한 데이터를 클라우드에 자동 전송되도록 설계한 경우, 제조사가 공장 운영자와 사전 계약 없이 수집된 데이터를 활용하면 법적 분쟁이 발생할 수 있으므로 주의가 필요하다. 따라서 스마트 공장에서는 데이터의 소유권보다도, 데이터의 이용 권한과 접근 통제가 더 중요한 이슈로 부상하고 있으며, 명확한 계약을 통한 권리 분배가 관건이다.

셋째, 환경 데이터와 생육 데이터의 복합적 활용(스마트 팜)에 관한 유형이다. 스마트 팜은 정보 통신 기술(ICT)을 농업에 접목해 작물 재배를 최적화하는 방식이다. 이때 가장 핵심적인 자원은 데이터다. 온실 내부의 온도, 습도, 이산화탄소 농도, 토양 상태, 일조량 등을 실시간으로 측정하는 센서가 설치되어 있으며, 작물 생육 단계별 사진을 촬영해 이미지 인식 알고리즘으로 성장 상태를 분석하기도 한다. 이처럼 스마트 팜의 데이터는 단순한 환경 측정값을 넘어, 작물의 생산성과 품질 향상에 직접 기여하는 요소가 된다. 하지만 이 과정에서 수집된 데이터가 농민의 것인지, 장비 제공업체의 것인지, 플랫폼의 것인지가 명확하지 않은 경우가 있어 문제가 된다. 스마트 팜은 자율주행차나 스마트 공장과는 달리 공간적으로 한정된 환경에서 데이터가 생성되며, 사용자(농민)의 의존도가 매우 높기 때문에 데이터가 사용자인 농민의 것이라는 인식이 강하게 작용한다. 그러나 플랫폼 기업은 다양한 농가의 데이터를 집합적으로 분석해 모델을 개선하고, 서비스의 핵심 가치로 삼기 때문에 데이터에 대한 활용권을 주장할 여지가 크다. 이처럼 스마트 팜은 데이터의 축적과 플랫폼 종속성 간의 균형 문제가 중요한 쟁점이 된다.

넷째, 개인 건강 관련 민감 데이터의 활용(웨어러블 헬스 기기)에 관한 유형이다. 애플 워치, 갤럭시 워치 같은 웨어러블 헬스 기기는 사용자의 심박수, 수면 패턴, 운동량, 스트레스 지수 등을 측정하고 기록한다. 이 데이터는 개인의 건강을 관리하기 위한 목적으로 수집되지만, 사용자의 동의를 얻은 범위 내에서는 건강 보험사, 병원, 제약 회사 등이 연구나 맞춤형 서비스 제공에 활용할 수 있다. 실제로 애플은 사용자의 건강 데이터를 기반으로 심방세동 경고 기능, 운동 권장, 응급 구조 요청 등을 제공하고 있으며, 해당 데이터는 익명화 후 연구 기관과 공유되기도 한다. 그러나 우리나라에서 이러한 민감한 정보는 「개인정보 보호법」의 보호 대상이기 때문에, 아무리 유용하더라도 사용자 동의 없이는 유통이나 상업적 활용이 제한된다. 여기서 데이터 소유권 논의는 매우 복잡하다. 사용자는 자신의 생체 정보이기 때문에 자신이 주체라고 생각하지만, 기기 제조사는 기기를 통해 수집된 데이터가 플랫폼의 일환으로 취합되어 서비스 개선에 활용된다는 점을 강조한다. 특히 건강 데이터는 소유권보다도 통제권(누가 접근할 수 있고, 누가 삭제할 수 있는가)의 문제가 중요하게 작용한다. 따라서 「개인정보 보호법」, 「의료법」, 플랫폼 약관 등이 얽힌 복합 규율 체계 속에서 데이터 이용이 조정된다.

인공지능 모델 학습에 대한 데이터 작용 중심 접근 유형

이 유형에 대한 세부 유형으로는 첫째, 전자 상거래 플랫폼에서의 데이터 활용 구조에 관한 유형이 있다. 전자 상거래 플랫폼에서는 사용자의 검색어 입력, 상품 클릭, 장바구니 담기, 구매 여부 같은 다양한 행동들이 실시간으로 기록된다. 이러한 데이터는 로그 데이터 또는 행동 데이터로 불리며, 이용자가 어떤 상품에 관심을 가지는지, 어떤 페이지에서 이탈하는지를 보여 주는 중요한 자료가 된다. 이 데이터를 통해 플랫폼은 추천 알고리즘을 학습시키고, 개인에 맞춘 상품의 제안을 수행할 수 있다. 예를 들어, 쿠팡이나 아마존은 고객이 특정 상품을 클릭한 이력을 기반으로 유사 제품을 제시하고, 고객의 소비 패턴을 분석해 할인 타이밍을 조정하거나 메인 화면에 제시할 상품을 자동으로 구성한다. 이 과정에서 데이터는 단순 수집에 그치지 않고, 인공지능 추천 모델의 학습데이터로 활용되면서 예측의 정밀도를 높이는 역할을 한다. 따라서 이때의 데이터는 단순한 로그가 아니라, 예측 기능을 지닌 서비스 자산으로 기능하게 되는 것이다.

둘째, 콘텐츠 플랫폼에서의 데이터 활용 구조에 관한 유형이다. 유튜브나 넷플릭스 같은 콘텐츠 플랫폼은 사용자의 시청 시간, '좋아요' 누르기, 영상 스킵 구간, 검색 내역 등을 정교하게 추적해, 시청자의 취향을 학습한다. 이러한 데이터는 모두 사용자 활동 로그이며, 머신 러닝 기반의 추천 시스템의 핵심 재료가 된다. 예를 들어, 넷플릭스는 이용자가 특정 장르를 자주 시청할 경우, 해당 장르의 콘텐츠를 우선적으로 추천하고, 유사한 시청 패턴을 보이는 다른 사용자들의 행동을 참고해 새로운 콘텐츠를 제안한다. 이는 대규모 사용자의 데이터를 지속적으로 분석하고 이를 모델에 학습시키는 구조로, 데이터가 곧 콘텐츠 큐레이션의 지능을 형성하는 핵심 요소가 된다. 여기서 수집된 데이터는 추천 정확도 개선, 시청 지속 시간 증가, 콘텐츠 투자 전략 수립 등의 다양한 용도로도 활용된다.

셋째, 의료 영상 인공지능의 데이터 활용 구조에 관한 유형이다. 의료 영상 인공지능 분야에서는 엑스레이, CT, MRI 영상 같은 환자의 데이터가 인공지능 개발의 핵심 학습 자료가 된다. 단순히 영상 데이터를 수집하는 것만으로는 부족하며, 여기에 의료진의 진단 결과나 병변 위치 태깅 등의 전문 지식이 함께 입력되어야 인공지능이 의미 있는 분석 능력을 갖출 수 있다. 예를 들어, 우리나라의 루닛(Lunit)은 폐암이나 유방암 진단을 위한 인공지능 서비스를 개발하는 과정에서 수십만 건의 흉부 엑스레이와 함께 의료진의 판단 기록을 함께 학습시켰다. 이러한 데이터세트는 단순한 의료 기록이 아니라, 전문가 지식을 데이터화한 고품질 학습 자원으로 작용한다. 이 경우, 데이터 소유에 관한 쟁점은 환자, 병원, 개발사 간의 이해관계에 따라 복잡해지며, 데이터의 활용과 재사용에 대한 계약적·법적 기준이 매우 중요해진다.

넷째, SNS 플랫폼에서의 데이터 활용 구조에 관한 유형이다. 인스타그램, 페이스북 등 소셜 미디어에서는 사용자의 글, 댓글, 해시태그, 이미지 등이 모두 데이터 자원이 된다. 이러한 데이터는 감정 분석, 트렌드 예측, 이미지 분류 등 다양한 인공지능 기술의 학습 자료로 활용된다. 예컨대, 특정 주제에 대한 여론의 흐름을 분석하는 감성 분석 모델을 개발할 때는, 다량의 게시 글과 그에 대한 반응 데이터를 수집해 긍정 또는 부정 여부를 분류하는 방식으로 학습한다. 이미지 기반 소셜 미디어에서는 패션 아이템이나 장소 분류 알고리즘을 학습시키기 위해 게시된 사진을 태그나 위치 정보와 함께 분석하기도 한다. 이러한 데이터는 기본적으로 사용자가 자발적으로 생성한 콘텐츠이지만, 플랫폼의 구조 안에서 수집되고 가공되기 때문에 데이터 귀속 주체에 대한 논의가 필요해진다. 더불어, 저작권이나 개인정보 여부에 따라 활용 가능성이 크게 달라진다.

04
데이터 소유권 논의의 여러 관점

데이터 소유권은 전통적 물권 체계로는 규정하기 어려운 개념이다. 이를 둘러싼 논의는 물건으로서의 소유권을 인정하려는 시도, 새로운 권리 부여의 필요성 주장, 배타적 재산권의 부정, 부당 사용 규제 방식 등 다양한 관점으로 전개된다. 이러한 논의는 데이터가 단일 권리로 포섭되지 않으며, 법적 보호를 위한 새로운 권리 구조 또는 규제 체계의 설계가 필요하다는 점을 보여 준다.

청각장애인과 AI?

데이터를 소유한다는 것은?

우리 「민법」은 물건을 직접 지배하고 이용·수익·처분할 수 있는 권리를 소유권이라고 정하고 있다(「민법」 제211조). 소유권은 타인의 간섭 없이 자신이 물건을 지배할 수 있으며(배타성), 모든 사람에 대해 권리를 주장할 수 있고(절대성), 일정한 기간의 제한 없이 지속(영속성)되는 특징을 지닌다. 그런데 「민법」은 소유권의 객체가 되기 위해서는 해당 대상이 유체물이거나 관리할 수 있는 자연력에 해당할 것, 즉 물건이어야 한다고 규정한다(「민법」 제98조). 따라서 '물건'에 해당하지 않는 대상에 대해서는 「민법」상 소유권이 성립할 수 없다.

데이터는 물리적인 실체가 없는 무형적인 존재다. 그리고 여러 사람이 동시에 사용해도 줄어들지 않는 비경합성과, 무한히 복제하더라도 원본의 가치가 훼손되지 않는 특징을 갖는다. 물론 데이터는 물리적인 저장 장치에 기록되지만 데이터의 본질은 저장 장치 자체가 아니라 그 안에 담긴 무형의 정보이므로, 유형의 존재와는 본질적으로 구별된다. 이러한 특징을 전제로 할 때, 데이터는 일반적으로 「민법」상 물건으로 인정되지 않기 때문에 물권의 객체가 될 수 없다. 우리나라처럼 소유권이 전통적으로 물권을 중심으로 구성되어 있는 법체계에서는 데이터에 대해 「민법」상의 소유권을 주장할 수 없다는 것이 통설적 입장이다. 그러므로 우리가 일상적으로 '데이터를 소유한다'라고 표현할 때의 '소유'는, 「민법」상 물권으로서의 소유권을 의미하는 것이 아니라, 데이터에 대한 지배력이나 통제력을 가지는 권리를 뜻한다고 보는 것이다. 이런 맥락에서, 앞서 살펴본 바와 같이 데이터 소유권은 단일의 권리가 아닌 여러 권리의 다발로 이해되어야 한다는 것이다.

이처럼 데이터의 특성과 법적 지위는 기존의 소유권 체계로 충분히 규율하기 어렵다는 한계를 드러낸다. 이와 같은 독특한 성질은 데이터의 경제적 가치와 법적 보호의 필요성이 커지는 현실과 맞물리면서 현행 법체계에 상당한 도전적 과제를 제시하고 있다. 이하에서는 이러한 문제의식을 바탕으로, 데이터 소유권에 대한 법적 보호와 관련된 다양한 논의를 검토하고자 한다. 이를 통해 데이터 소유권 개념 정립을 위한 법적 · 제도적 노력이 어떻게 전개되어 왔는지 살펴볼 수 있을 것이다.

물권적 소유권을 인정할 수 있다는 논의

앞서 살펴본 것과 같이 현재 많은 의견은 데이터의 유형과 형태를 불문하고 데이터에 대해 물권적 소유권의 규율 가능성을 부인하고 있다. 그럼에도 불구하고 관련 규범의 해석을 통해 또는 기존 해석을 변형해 데이터에 대해 「민법」에 의한 물권적 소유권을 인정할 수 있다고 보는 견해도 있다. 데이터의 물권성을 인정하는 입장, 즉, 데이터에 소유권을 인정하는 것을 긍정하는 입장에서는 현행의 「민법」 해석만으로 그것이 가능할 것인지, 아니면 현행의 해석에 어떠한 변화가 전제되어야 할 것인지에 따라 논의가 구분된다.

먼저, 데이터가 유체물에 부착되어 구조적 정보에 포함되어 있는 것이라면 현행의 물권법으로도 규율이 가능하며, 설사 데이터가 유체물과 분리된 상태라도 일정한 범위에서는 간접적으로 물권법의 규율 범위에 속하는 것으로 볼 수 있다는 견해가 있다. 이 견해는 데이터를 사실상 특정인의 배타적 지배하에 두는 것을 데이터 점유로 인정할 수 있다고 본다(이동진, 2018). 다만, 데이터에 물권법상의 소유권을 인정하는 것은 이미 배타적 지배가 확보된 데이터에 대해 그 점유자, 전형적인 데이터 수집 및 코딩, 저장, 관리하는 자에게 배타적 재산권을 부여하는 것이어서 경제적 측면에서는 자연스럽게 보이지만, 현실적으로는 법적 보호를 부여하는 경계 영역에서 문제가 발생될 수 있다는 한계가 지적되기도 한다.

그래서 데이터에 대한 법적 규율의 발전 과정에서 「민법」상 물건 개념의 요건 및 해석론을 일정 부분 수정한다면, 데이터 소유권이 「민법」에 의해 인정될 수 있는 여지가 있다는 견해도 존재한다(최경진, 2019). 이러한 시각에서 데이터를 물건으로 인정하기 위한 입법적 시도도 있었다. 이는 데이터를 입법적인 수단을 통해 물건으로 인정한다면 데이터 소유에 대한 문제를 기존의 소유권 체계로 포함해 해결할 수 있을 것이라는 이유에서 이뤄졌다. 이에 몇 가지 「민법」 개정안이 발의되었는데, 대표적인 예를 들면 유체물과 동등한 수준으로 관리가 가능한 데이터(정보)를 「민법」 체계에서 재산권으로 보호할 수 있도록 하기 위해 「민법」 제98조를 개정해 법률 또는 기술적 방법으로 배타성 · 독립성이 확보된 정보를 물건의 범위에 포함하고자 한 것(2020.11.2. 발의, 의안번호 4799), 「민법」 제98조를 개정해 데이터가 물건의 정의에 포섭될 수 있도록 하고, 데이터 계약을 「민법」상 전형 계약으로 인정하는 규정을 신설하려는 시도(2019.11.18. 발의, 의안번호 23867) 등이 있다. 이러한 입법적 시도에 대해 필요성에는 공감하면서도 데이터를 물건으로 인정함으로 인해 발생하는 여러 문제의 해결이 어렵다는 점(진선희, 2021)에 개정이 이뤄지지는 않았다.

새로운 형태의 권리 부여가 필요하다는 논의

기존 법체계하에서는 데이터에 대해 물권적 소유권을 인정하기 어렵다는 점을 전제로, 데이터 자체에 초점을 맞춘 별도의 법령을 제정하는 등 규범화가 필요하다는 견해가 있다. 이는 데이터의 특수성으로 인해 현재의 소유권 개념을 비롯한 현행 법률이 데이터를 포섭하기에는 한계가 있다는 문제의식에서 출발하며, 결과적으로는 일원화되고 일반화된 권리를 새롭게 창설할 필요성을 주장하는 입장이다. 이러한 견해는 기존 법체계가 데이터 소유 문제를 해결하기에 충분하지 않다는 비판적 인식을 바탕으로 한다(최경진, 2019). 이는 재산권에 대한 현행 법체계의 한계, 데이터에 관련된 여러 권리들이 데이터 가치 체인에서 적절히 작용하기 어렵다는 점, 데이터 거래를 통한 공정성 및 혁신을 담보하기 어렵게 한다는 점, 데이터 접근 문제에 한계를 갖는다는 점 등을 근거로 한다. 그리고 정보 주체와의 이익 배분에 대한 문제, 데이터 사용에 따른 정보 주체의 동의 필요에 대한 문제 등도 데이터 소유권 문제와 연계되어 함께 논의되고 있다.

한편, 새로운 법체계를 도입해 데이터 소유권을 인정해야 한다는 주장과는 달리, 그에 앞서 「민법」 체계 내에서 소유권을 인정할 수 있는 해석적 가능성을 우선적으로 검토해야 한다는 견해도 있다. 이 견해에 따르면, 먼저 기존 「민법」상 소유권 개념을 통해 데이터를 포섭할 수 있는 방안을 모색한 뒤, 그러한 방식으로는 충분한 법적 근거를 확보하기 어려운 경우에 한해, 보완적 수단으로써 별도의 입법을 추진하는 것이 바람직하다고 본다(신용우, 2020).

데이터에 대한 일원화된 규범이 아니더라도 기존 지식재산권 법체계 내에서 데이터를 대상으로 권리 부여가 가능하도록 입법을 통한 조치를 함으로써 기존 지식재산권 법체계 내의 법적 공백을 제거하는 방식이 필요하다는 견해도 지속적으로 제시되고 있다. 주로 발명의 요건 중 물건성에 대한 조치를 어떻게 할 것인지에 대한 논의다(이규호, 2020).

이와 같은 견해들에 대한 입법적 예로는 기존 지식재산권에 관한 법체계 내에 규정되어 있지만, 각 법에 의한 본질적 보호 대상으로서가 아닌, 데이터에 관해 별도의 특례를 두어 법적 보호를 부여함으로써 그에 대한 재산적 가치를 유지할 수 있도록 하는 방식이 적용된 경우가 이에 해당한다. 「저작권법」에서 데이터베이스제작자의 권리를 규정하는 것이 대표적인데, 저작물이 아닌 경우를 포함하는 데이터베이스를 제작하거나 그 소재의 갱신·검증 또는 보충에 인적 또는 물적으로 상당한 투자를 한 자에게 복제권·배포권·방송권·전송권 같은 권리를 인정(「저작권법」 제93조)하고 있다. 이는 저작권 자체의 보호와 구분해 저작권은 아니지만 데이터베이스 제작자에 대해 일정한 권리를 부여해 그가 투입한 노력과 비용 등을 보전하고자 한 것이다. 유럽연합의 수이 제네리스(Sui Generis)를 통한 권리 보호 방식도 이에 해당한다.

배타적 재산권 부여를 부정해야 한다는 논의

데이터가 갖는 공공적 성격, 그리고 광범위한 개방과 이용을 통해 공공의 이익을 증진한다는 특성을 고려할 때, 데이터에 배타적인 재산권을 부여하게 되면 오히려 관련 산업 발전에 장애로 작용한다는 견해다. 특히 생성 시 창작적 노력이 투여되지 않는 데이터 자체를 지식재산권 같은 배타적인 재산권으로 보호하는 것은 활용성을 저해할 수밖에 없다는 것이다(Atkinson, 2019). 이 견해를 지지하는 입장에서는 유럽연합의 「데이터베이스 지침(Database Directive)」(1996)이 데이터베이스 소스 제공자 한 사람만의 재산권을 보호하게 되므로, 결국 유의미한 기여자의 권리 보호를 못 할 뿐 아니라 오히려 지식과 정보의 증진 및 확산을 방해하는 효과를 초래했다고 비판한다. 특히 이와 같은 방식은 소비 지향적 데이터(문화, 레저, 쇼핑 등)의 거래 비중을 상대적으로 높이고, 지식 창출적 데이터(과학 기술, 기초 학문 등)의 거래 비중을 낮추도록 만들 수 있다는 점에 우려가 제기되고 있다. 과거 우리나라에서 2003년 「저작권법」 개정으로 데이터베이스제작자에게 배타적 재산권을 부여한 이후, 데이터 산업의 시장 구조가 혁신적으로 발전하지 못했을 뿐 아니라 별다른 변화 자체가 존재하지 않는다는 점이 근거가 되기도 한다(방석호, 2012).

유럽연합의 경우, 데이터의 배타적 재산권을 인정하는 것이 긍정적 효과를 가져오기보다는 부정적 효과를 초래할 가능성이 더 크다는 주류 의견을 고려해, 배타적 재산권의 인정보다는 데이터 접근을 최대한 확대하는 것이 더욱 중요함을 정책의 전제로 설정하고 있다. 데이터에 대한 소유권 부여가 자유로운 데이터 흐름을 방해할 우려가 있고, 독점권으로 인한 경쟁 제한 가능성, 독점권 부여 대상이 불명확할 수 있다는 점 등이 주요한 근거로 제시된다(박준석, 2019).

데이터 문제에서 중요한 것은 데이터를 누가 소유할 것이냐보다는 데이터의 사용 권한을 어떻게 설정할 것인가에 대한 문제라고 하며(Atkinson, 2019), 기술 보호에 대한 기술적 조치와 계약 등의 방법을 이용해 데이터 수집과 관리에 적절한 동기 부여를 제공할 수 있으므로 데이터에 대한 별도의 배타적 재산권을 인정할 필요는 없다고 한다(Kerber, 2016).

부당한 사용 행위 규제 방식이 필요하다는 논의

물권적 소유권 같은 권리를 직접적으로 부여하는 방식에 대한 비판을 피하면서도 실제로 데이터를 지배하는 자나 기업이 이익을 확보할 수 있는 방안으로서, 구체적인 데이터 이용 행위를 부정경쟁행위로 특정하고, 이를 규제해야 한다는 견해가 제시되고 있다.

우리나라에서 부정경쟁행위 규제를 통한 데이터 보호는, 기존의 부정경쟁행위 유형에 데이터 무단 사용 등의 행위를 추가하는 방식과, 부정경쟁행위 이외에 별도의 데이터 부정사용행위를 새로운 유형으로 설정하는 방식으로 구분되어 논의되었다. 전자의 방식은, 규제 대상이 되는 부정경쟁행위의 유형들이 본래 상이하고 개별적이로 규정되어 있기 때문에, 데이터 관련 규범을 여기에 추가하는 것이 구조적으로 자연스럽다는 장점이 있다. 반면 후자의 방식은, 기존에 명시된 부정경쟁행위 외에 데이터 무단 이용을 별도의 행위군으로 분류하고, 이에 해당하는 구체적인 데이터 이용 행위를 직접 명시하는 것으로, 이는 데이터의 본질적 특성을 보다 명확하게 반영할 수 있다는 장점이 있다. 우리 「부정경쟁방지법」은 전자의 방식을 채택하고 있다.

참고문헌

박준석(2019). "빅 데이터 등 새로운 데이터에 대한 지적재산권법 차원의 보호가능성". 《산업재산권》, 58, 77-129쪽, https://www.kci.go.kr/kciportal/ci/sereArticleSearch/ciSereArtiView.kci?sereArticleSearchBean.artiId=ART002434502

방석호(2012). "빅 데이터 시대의 과학기술 데이터 활용을 위한 저작권 법제의 보완". 《홍익법학》, 13(4), 691-713쪽, https://www.kci.go.kr/kciportal/landing/article.kci?arti_id=ART001720584

신용우(2020.12). "데이터 경제 활성화를 위한 입법정책 방안". 국회입법조사처, https://www.nars.go.kr/report/view.do?categoryId=&cmsCode=CM0156&searchType=ALL&searchKeyword=&brdSeq=32947

이규호(2020). "인공지능 학습용 데이터세트 보호를 위한 특허법상 주요 쟁점 연구". 《산업재산권》, 64, 89-178쪽,

https://www.kci.go.kr/kciportal/ci/sereArticleSearch/ciSereArtiView.kci?sereArticleSearchBean.artiId=ART002611054

이동진(2018). "데이터 소유권(Data Ownership), 개념과 그 실익". 《정보법학》, 22(3), 219-232쪽, https://www.kci.go.kr/kciportal/ci/sereArticleSearch/ciSereArtiView.kci?sereArticleSearchBean.artiId=ART002428367

진선희(2021). "민법 일부개정법률안 검토보고(조정훈의원 대표발의/의안번호 제4799호)". 국회 법제사법위원회.

최경진(2019). "데이터와 사법상의 권리, 그리고 데이터 소유권(Data Ownership)". 《정보법학》, 23(1), 217-244쪽, https://www.kci.go.kr/kciportal/ci/sereArticleSearch/ciSereArtiView.kci?sereArticleSearchBean.artiId=ART002464823

Atkinson, R. D.(2019.1). IP protection in the data economy: Getting the balance right on 13 critical issues. *ITIF*, https://www2.itif.org/2019-ip-protection-data-economy.pdf

Kerber, W.(2016). A New (Intellectual) Property Right For Non-Personal Data? An Economic Analysis. *MAGKS Papers on Economics*, 37, https://www.econstor.eu/bitstream/10419/155649/1/870294326.pdf

05
저작권법에서의 데이터 귀속

데이터는 그 자체로는 저작물로 보호받기 어렵지만 창작성이 인정되는 경우에는 저작권으로 보호받을 수 있다. 데이터베이스제작자의 상당한 구축 노력에 대한 보상으로 데이터베이스제작자의 권리가 부여되기도 한다. 저작권은 매우 넓은 범위의 객체에 대해 재산적 가치를 보호하고 있지만, 엄격한 요건을 충족해야 한다.

AI 콘텐츠 크리에이터?

저작권 체계에서 재산권의 객체

저작권의 보호를 받을 수 있는 요건을 충족한 객체를 저작물이라고 한다. 우리가 일반적으로 저작권으로 보호된다고 생각하는 대상과 실제로 저작권 보호 대상이 되는 객체 사이에는 다소 차이가 존재한다. 저작권은 매우 넓은 범위의 객체에 대해 재산적 가치를 보호하는 역할을 하고 있지만, 실제로 보호를 받기 위해서는 일정한 요건을 엄격히 충족해야 하기 때문이다. 따라서 개념상 저작권 보호 대상이 될 수 있는 객체라 하더라도, 현실에서는 보호를 받지 못하는 경우가 적지 않다. 이러한 차이는 예술적 표현물보다 기술적 표현물의 경우 더 쉽게 발생한다. 특히 데이터는 저작권 체계 내에서도 재산권 보호를 위한 구조가 복잡한 대상에 해당한다. 이러한 특징은 데이터 거래 과정에서도 계약 조건에 보다 세심한 주의를 기울이게 되는 원인이 된다. 이는 실제 현장에서 많은 사람들이 혼동을 겪는 부분이기도 하며, 데이터에 관한 재산권, 특히 저작권 귀속 체계를 명확히 이해해야 하는 이유가 여기에 있다.

데이터에 대한 저작권적 보호는 데이터 그 자체와 데이터베이스 전체에 대한 것으로 나누어 살펴볼 수 있다. 이 중 먼저 데이터 그 자체에 대한 보호부터 살펴보면,

데이터가 저작권의 보호를 받기 위해서는 저작물에 해당해야 한다. 저작물은 인간의 사상 또는 감정을 표현한 창작물로 정의(「저작권법」 제2조 제1호)되는데, 이때 이 정의에서 나타나는 요건들인 '인간'에 의해 만들어진 것일 것, '사상 또는 감정'을 표현한 것, 그 표현이 '창작성'을 갖추고 있을 것을 저작물의 성립 요건이라고 한다. 따라서 데이터가 저작물로 인정받기 위해서는 이 성립 요건들을 충족해야 하며, 그렇지 못할 경우 저작물이 될 수 없고, 결과적으로 저작권 보호의 대상이 될 수 없다. 그러면 성립 요건에 대해 구체적으로 살펴본다.

저작물성 인정을 위한 요건

저작물로 인정되기 위해서는 먼저 인간에 의해 창작된 것이어야 한다. 따라서 인간이 아닌 존재에 의해 만들어진 산출물은 이 요건을 충족한다고 보기 어렵다. 대표적인 예가 인공지능이 생성한 산출물이다. 실제로 약 10년 전 알파고가 이세돌 9단과의 바둑 대결을 벌이며 인류를 충격에 빠뜨릴 당시, 인공지능 기술이 만든 산출물에 저작물 성립 요건을 그대로 적용하는 것이 타당한지에 대한 논란이 제기된 바 있다. 이는 그 산출물의 질적 완성도가 인간이 만든 것에 비해 더 높거나 적어도 크게 다르지 않은 수준이라는 점에 비추어, 그런 결과물에 대해 아무런 법적 권리가 부여되지 않는다는 것에 의문이 발생했기 때문이다.

다음으로, 저작물은 '사상 또는 감정을 표현한 것'이어야 하므로, 단순한 객관적 사실 그 자체는 저작물이 될 수 없다. 예를 들어, 동물 가죽의 무늬나 자연석의 문양, 회원 가입 양식지, 열차 시간표 등은 창작된 표현이 아닌 객관적 사실에 해당하므로 저작물성이 부정된다. 최근에는 바둑 기보가 저작물이 될 수 있는지에 대한 논의도 이뤄지고 있다. 긍정하는 입장에서는 바둑의 기보가 단순히 우연히 만들어지는 것이 아니라, 인간의 정신적 활동의 결과라는 점을 근거로 삼고 있다. 이처럼 현재 바둑 기보와 같이 저작물성에 대한 판단이 명확하지 않은 사례들이 존재하며, 이에 대한 논의는 계속되고 있다. 한편, '사상 또는 감정의 표현'이라는 요건에서 '표현'이란 반드시 대중에게 공개되어야 한다는 의미는 아니다. 종종 이 요건을 오해해, 사상이나 감정이 대중에게 전달되어야만 저작물로 인정되는 것으로 혼동하는 경우가 있다. 그러나 이 요건에서 말하는 표현이란, 단지 개인의 내면에 머무르지 않고 외부로 현출되어야 한다는 의미다. 그 표현 수단은 언어일 수도 있고, 그림이나 음악일 수도 있다. 심지어 누구에게도 보이지 않았더라도, 외부에 표현된 이상 저작물로 인정될 수 있다. 예를 들어, 골방에서 혼자 자작곡을 흥얼거렸더라도, 그것은 표현의 요건을 충족한 것으로 본다.

마지막으로 가장 핵심적인 요건은 '창작성'이다. 창작성은 타인의 것을 모방하지 않고 독자적으로 창작된 경우를 의미하는 상대적인 개념이다(오승종, 2023). 어떤 창작물이 저작물로 인정될 수 있는지를 판단하는 데 가장 중요한 기준이 바로 이 창작성의 유무다. 그러나 창작성은 객관적인 기준을 설정하기 어려운 개념이기 때문에, 시대적 · 사회적 흐름에 따라 그 판단 기준이 다소 변화하기도 한다. 현재는 독자적으로 작성되었고, 작성자의 창조적 개성이 드러나 있는지를 중심으로 창작성을 판단한다. 대법원 판결(대법원 2005.1.27. 선고 2002도965 판결)에서도 어떠한 작품이 남의 것을 단순히 모방한 것이 아니고, 작자 자신의 독자적인 사상 또는 감정의 표현을 담고 있음을 의미하므로 누가 하더라도 같거나 비슷할 수밖에 없는 표현(이를 작성자의 창조적 개성이 드러나지 않는 표현이라 했다)을 담고 있는 것은 창작성이 없는 것이라고 한 바 있다.

그런데 이러한 창작성 요건으로 인해, 기술적 내용을

담은 표현물에는 상대적으로 엄격한 기준이 적용된다. 이는 표현물의 유형에 따라 창조적 개성이 드러날 수 있는 정도가 다르기 때문이다. 예를 들어 문예 작품은 창작자의 개성이 비교적 쉽게 드러나는 반면, CAD 도면 같은 기술적 표현물은 형식의 정형성, 표현의 제한성, 도면 대상의 명확성 등으로 인해 창작자의 개성이 드러나기 어려운 특성이 있다. 데이터는 이러한 기술적 표현물의 특징과 유사하므로, 창작성 판단에서 더 높은 기준이 적용될 수 있다.

데이터와 데이터베이스의 저작권적 보호

사실 데이터 자체는 원칙적으로 저작권 보호의 대상은 아니다. 앞에서 살펴본 바와 같이 데이터는 정형 데이터와 비정형 데이터로 구분되며, 이 중 정형 데이터는 그 본질상 저작물이 될 수 없다. 이는 행과 열의 구조로 체계화된 정형 데이터의 경우, 각각의 데이터가 「저작권법」상 요구되는 창작성 등의 요건을 충족하기 어렵기 때문이다. 반면, 텍스트나 이미지 등을 대상으로 하는 비정형 데이터의 경우에는 상황이 다르다. 해당 데이터의 내용이 되는 텍스트나 이미지 등이 저작물의 성립 요건을 충족한다면, 그것은 저작물로 인정되어 저작권 보호를 받을 수 있다. 이 경우, 해당 데이터도 사실상 저작권에 의해 보호되는 효과를 갖게 된다. 이는 특정 데이터가 저작물과 동일한 내용을 담고 있다는 전제하에 가능한 것이다.

다만, 비정형 데이터라 하더라도 그 내용이 되는 표현물이 저작물성을 갖추지 못할 수도 있다. 이 경우, 해당 표현물은 저작물이 될 수 없으며, 따라서 그 데이터 또한 「저작권법」상 보호 대상이 되지 않는다. 이처럼 데이터가 저작권 보호를 받을 수 있는지는 그 데이터에 담긴 내용이 저작물성을 갖추었는지에 따라 결정된다. 다시 말해, 데이터 자체가 보호 대상이 되는 것이 아니라, 데이터가 저작물로서의 요건을 갖춘 경우에만 그 저작물을 보호함으로써 동시에 해당 데이터가 저작권을 통해 보호받는 것과 동일한 효과가 나타나는 것이다.

한편, 데이터베이스는 이와는 다른 방식으로 저작권 보호가 이뤄진다. 개별 데이터 자체가 아니라, 각 데이터를 어떻게 선택하고 배열하거나 구조화했는지에 따라 저작물성이 인정될 수 있다. 즉, 창작성 판단의 대상은 데이터라는 '소재'의 선택, 배열, 구성 방식이다. 이러한 특징을 지닌 저작물을 편집 저작물이라고 한다. 「저작권법」은 편집물을 "저작물이나 부호, 문자, 음, 영상 그 밖의 형태로 된 자료(소재)의 집합물"로 정의하며, 이 편집물이 소재의 선택·배열 또는 구성에 창작성 있는 경우 이를 '편집 저작물'로 인정한다(「저작권법」 제2조 제17호, 제18호). 따라서 데이터베이스는 그 구성 방식에 창작성만 인정된다면, 개별 데이터의 저작물성 여부와 관계없이 편집 저작물로서 보호받을 수 있다.

하지만 데이터베이스를 구성하고 있는 소재(데이터)의 배열이나 구성이 일반적으로 사용되고 있는 관행적인 방법으로 이뤄졌거나, 기계적인 방법으로 의한 것이라면 그 부분에 대해 창작성이 인정될 수는 없다(이해완, 2019). 즉, 해당 데이터베이스가 편집 저작물의 성립 요건을 충족하지 못한 것이다. 이런 경우에는 산업 현장에서 비록 데이터베이스라고 불리더라도, 「저작권법」상 보호 대상인 데이터베이스로 인정될 수는 없다. 또한, 특정 데이터베이스가 편집 저작물로서 보호받을 수 있는지는, 그 구성 요소인 개별 데이터가 저작물인지와는 무관하다. 즉, 데이터베이스를 구성하는 각 데이터가 저작물이 아니더라도, 그 데이터베이스 자체의 창작성만 인정되면 저작권 보호가 가능하다.

저작권은 아닌 데이터베이스제작자의 권리

데이터의 「저작권법」상 보호와 관련해 많은 사람들이 혼동하는 부분 중 하나는 '데이터베이스제작자의 권리'에 대한 규정이다. 「저작권법」은 데이터 및 데이터베이스에 대해 저작권을 부여하는 방식 외에도, 데이터베이스제작자에게 저작권에 준하는 별도의 권리를 인정하고 있다. 그러나 이 두 가지 보호 방식의 차이를 혼동하는 경우가 많다. 많은 사람들이 이 두 보호 방식의 차이를 놓치기 때문이다. 「저작권법」은 데이터베이스를 제작하거나, 그 안의 소재(데이터)를 갱신 · 검증 · 보충하는 데 인적 또는 물적으로 상당한 투자를 한 자를 '데이터베이스제작자'로 정의(「저작권법」 제2조 제20호)하고, 이들에게 일정한 권리를 부여한다. 데이터베이스를 구축하는 데에는 상당한 노력과 비용이 소요되므로, 이에 대한 보상의 필요성에 따른 것이다.

데이터베이스제작자로 인정되기 위해 핵심적으로 요구되는 요건은 바로 '상당한 투자'의 존재다. 앞서 언급한 창작성 요건과 마찬가지로, 이 '상당한 투자'라는 개념 역시 명확한 객관적 기준이 존재하지 않는다. 법원 판례에 따르면, 다른 데이터를 상당 부분 이용함으로써 데이터 수집에 많은 노력이 인정되기 어려운 경우(부산지방법원 2010.9.2. 선고 2010가합2230 판결), 데이터의 양이 적은 경우(서울중앙지방법원 2012.1.12. 선고 2011가합76742 판결)에는 상당한 투자를 인정하지 않았다. 반면, 데이터베이스의 구축과 유지 관리를 위한 실질적인 역할을 수행한 경우(서울중앙지방법원 2013.2.3. 선고 2020가합584719 판결)에는 상당한 투자가 이뤄졌음을 인정한 바 있다. 이처럼 특정 데이터베이스를 제작하는 데 상당한 투자가 있었음을 인정할 것인지는 투자 보호 관점에서 질적 · 양적인 측면을 모두 고려해 개별적으로 판단되어야 한다(최승재 · 김시열, 2024).

「저작권법」이 정한 요건을 충족하는 경우, 데이터베이스제작자는 자신이 제작한 데이터베이스의 전부 또는 상당한 부분에 대해 복제 · 배포 · 방송 · 전송할 수 있는 권리를 갖는다. 여기서 주의할 점은, 이러한 권리는 일반적인 저작권(저작재산권)과 달리 보호 범위가 제한된다는 것이다. 즉, 데이터베이스제작자에게 부여되는 배타적 권리는 복제, 배포, 방송, 전송 행위에 한정되며, 그 외의 권리는 포함되지 않는다.

권리의 귀속 주체

데이터(비정형 데이터)와 데이터베이스의 경우, 그것이

저작물로 보호된다면 그 권리는 데이터와 데이터베이스를 만든(창작한) 사람에게 귀속된다. 이는 데이터나 데이터베이스에 한정된 것은 아니고, 모든 저작물에 대해 일반적으로 적용되는 원칙이다. 이를 창작자 원칙이라고 하는데, 저작권은 저작물을 창작한 사람에게 원시적으로 귀속된다는 것을 의미한다. 이렇게 창작자에게 귀속된 저작권, 특히 저작재산권은 저작자가 생존하는 동안과 사망 후 70년간 보호된다.

한편, 데이터베이스제작자의 권리는 데이터베이스 제작에 상당한 노력과 비용을 투여한 사람에게 권리가 귀속된다. 이에 대한 예로, 법원은 부동산 중개인 또는 임대인으로부터 부동산 매물 정보를 수집하고, 이 정보를 다양한 정보 유형으로 분류해 체계적으로 배열하고 구성하고, 이들 정보를 검색할 수 있도록 부동산 정보 데이터베이스를 개발하고 관리하는 데 인적 · 물적으로 상당한 투자를 한 사람에 대해 데이터베이스제작자라고 인정한 바 있다(서울중앙지방법원 2023.2.3. 선고 2020가합584719 판결). 데이터베이스제작자에게 주어진 권리는 데이터베이스 제작을 완료한 다음 해부터 5년간 효력을 갖는다.

보호 객체의 구분

데이터 귀속이 문제 되는 경우는 주로 데이터 거래 과정에서 새롭게 창출 또는 파생되거나 이전되는 데이터에 대해 나타난다. 거래 대상이 되는 객체가 정확히 어떠한 것인지, 그리고 그것에 따라 각각의 객체가 갖는 「저작권법」상의 의미는 무엇이며 그에 따른 효과는 어떠한지 등이 문제의 대상이 되는 것이다. 앞서 살펴본 것과 같이 「저작권법」은 저작권이 부여되는 경우로는 데이터와 데이터베이스를, 그리고 「저작권법」에 의한 별도의 권리 부여는 데이터베이스제작자에게 이뤄지도록 하는 이원적 체계를 가지고 있다. 이와 같이 저작물임을 전제로 한 데이터와 데이터베이스, 그리고 저작물성을 갖지 않는 데이터베이스에 대한 제작자의 권리는 서로 완전히 분리되는 별개의 권리다. 따라서 데이터 거래 현장에서는 각 상황에서 「저작권법」에 의한 권리 보호와 귀속을 다루고자 할 때, 그 대상을 정확히 인식하는 것이 매우 중요하다. 권리자에게 귀속된 각 권리의 효력을 상이하게 발생시키기 때문이다.

참고문헌

오승종(2023). 《저작권법 강의》(제4판). 박영사.

이해완(2019). 《저작권법》(제4판). 박영사.
최승재·김시열(2024). 《저작권법》. 법문사.

06
부정경쟁행위 규제를 통한 데이터 보호

「부정경쟁방지법」은 배타적 권리로 보호되지 않는 데이터를 보호하기 위한 수단으로, 일정 요건을 충족한 데이터의 부정 취득 · 사용을 규제한다. 이는 데이터 소유가 불명확한 상황에서 법적 보호 공백을 메우고, 정당한 이용과 남용을 구분하는 기준을 제시함으로써 실질적 권리 보호를 가능케 한다. 이를 통해 데이터에 대한 정당한 투자와 노력을 보호할 수 있는 새로운 법적인 보호의 틀을 적용한 것이라는 의미를 지닌다.

AI와 민주주의?

부정경쟁행위 규제의 의미

현대 시장 경제 체제에서의 경쟁은 자신의 경제적 효용을 극대화하기 위한 행동을 하는 것과 경쟁 상대자가 그러한 행동을 하지 못하도록 억제하는 행동을 모두 포함한다. 특히 후자의 행동을 경쟁의 소극적 작용이라고 한다. 이는 영업 활동의 주체가 적극성을 발휘해 자신의 경제적 효용을 극대화하는 활동을 하는 과정에서 경업자의 신용에 무단으로 편승하는 등의 부정경쟁행위를 하는 것을 의미한다. 이러한 소극적 작용은 종국적으로 정당한 경쟁자와 소비자의 이익을 저해하는 결과를 초래한다. 따라서 시장 경제 체제를 취하고 있는 국가들은 경쟁의 소극적 작용을 억제하기 위해 부정경쟁행위를 규제하는 정책을 추진하고 있다. 공정한 경쟁에 반하는 행위는 금지되어야 한다는 법적 전제에서 출발하는 이 부정경쟁행위 규제에 대해 어떠한 행위가 공정한 거래 관행에 반하는 행위인지에 대한 기준은 국제적으로 통일되어 있지 않으며, 관련된 행위를 규제하는 각 국가의 법률에 따라 개별적으로 규정하는 방식으로 나타난다. 우리나라는 「부정경쟁방지 및 영업비밀보호에 관한 법률」(이하, 「부정경쟁방지법」)을 두어 부정경쟁행위를 규제하고 있다. 우리나라의 「부정경쟁방지법」은 혼동 초래

행위, 저명상표희석행위 등의 부정경쟁행위를 명시해 규제하고 있다(특허청, 2022).

최근 데이터 관련 산업 변화로 인해 종래에는 데이터 수집자가 바로 공급자 역할을 하거나 데이터 거래 대상이 한정된 범위에 그쳤으나, 최근에는 데이터 창출 및 가공 처리 과정이 복잡해지면서 거래 관계에 제3자가 개입할 여지가 높아지는 등 데이터 보호 방식의 한계가 크게 부각되고 있다. 이에 우리나라의 경우, 「부정경쟁방지법」을 개정(2021년 12월 법률 제18548호)해 데이터 부정사용행위를 부정경쟁행위의 한 유형으로 규제하기 시작한다. 이 개정은 일본의 데이터 보호에 대한 「부정경쟁방지법」 규정을 모델로 한 것으로, 우리나라의 「부정경쟁방지법」은 이와 크게 다르지 않은 규제 형태를 도입했다(김시열, 2023).

이와 같은 데이터 부정사용행위 규제를 마련한 것은 현재 데이터가 전통적인 소유권 제도나 저작권 같은 배타적 권리 보호에 포함되지 못한 사각지대에 속하는 경우가 많은 특징을 고려한 것이다. 「민법」상의 소유권으로 데이터를 보호하기 어려운 현실에서 저작권 같은 배타적 권리로 보호받기 위해서는 엄격한 요건을 충족해야 하는데, 그러한 요건 충족이 쉽지 않은 현실에서 보호의 사각지대를 해소하기 위한 수단으로 부정경쟁행위에 대한 규제를 활용한 것이다. 이를 통해 법적으로 명확히 소유권 또는 저작권 등의 배타적 권리가 부여되지 않은 데이터라 하더라도, 데이터의 부정사용행위를 규제함으로써 그 데이터에 대한 정당한 투자와 노력을 보호할 수 있는 새로운 법적인 보호의 틀을 적용한 것이라는 의미를 지닌다.

부정경쟁행위에 해당하는 데이터 부정사용행위의 금지

「부정경쟁방지법」에서 정하는 데이터에 대해서는 이 법이 명시한 일정한 행위를 할 수 없으며, 이를 행하는 경우에는 위법한 행위에 해당한다. 이에 어떠한 데이터가 규제 대상이 되는 것인지, 그리고 규제 대상이 되는 행위는 어떠한 것이 있는지를 확인하는 것이 중요하다.

부정사용행위의 대상이 되는 데이터는 기본적으로 「데이터산업법」 제2조 제1호에 따른 데이터를 전제로 한다. 이는 「부정경쟁방지법」이 데이터에 대한 별도의 정의 규정을 두기보다는 「데이터산업법」의 정의 규정을 인용한 후 이를 재한정해 규정하는 방식을 취한 것이다. 따라서 「부정경쟁방지법」의 적용을 받는 데이터는 ① 업으로서 특정인 또는 특정 다수에게 제공되는 데이터일 것(한정 제공성), ② 전자적 방법에 의해 축적되고 관리되고 있을 것(전자적 관리성), ③ 상당량이 축적되고 관리되고 있을 것(상당 축적성), ④ 비밀로 관리되는 것이 아닐 것, ⑤ 기술상 또는 영업상의 정보일 것이라는 요건을 충족해야 한다.

그리고 이 요건의 충족과 동시에 구체적으로 열거된 4가지 행위 중 어느 하나에 해당하는 경우에 이르러야 「부정경쟁방지법」이 규제하는 부정경쟁행위에 해당하게 된다. 이 네 가지 행위는 데이터 부정사용행위의 개념을 구체적인 행위 유형으로 나열해 정의한 것이다. 이를 살펴보면, ① 접근 권한이 없는 자가 절취 · 기망 · 부정접속 또는 그 밖의 부정한 수단으로 데이터를 취득하거나, 그 취득한 데이터를 사용 · 공개하는 행위(접근 권한 없는 자의 부정 취득 유형), ② 데이터 보유자와의 계약관계 등에 따라 데이터에 접근 권한이 있는 자가 부정한 이익을 얻거나 데이터 보유자에게 손해를 입힐 목적으로 그 데이터를 사용 · 공개하거나 제3자에게 제공하는 행위(접근 권한 있는 자의 신의칙 위반 유형), ③ 앞의 두 가지 행위 중 어느 하나의 행위가 개입된 사실을 알고 데이터를 취득하거나, 그 취득한 데이터를 사용 · 공개하는 행위(악의적 전득 유형), ④ 정당한 권한 없이 데이터의 보호를 위해 적용된 기술적 보호조치를 회피 · 제거 또는 변경(무력화)하는 것을 주된 목적으로 하는 기술 · 서비스 장치 또는 그 장치의 부품을 제공 · 수입 · 수출 · 제조 · 양도 · 대여 또는 전송하거나 이를 양도 · 대여하기 위해 전시하는 행위(기술적 보호조치의 연구 · 개발을 위해 기술적 보호조치를 무력화하는 장치 또는 그 부품을 제조하는 경우는 예외)로 명시되어 있다. 이러한 규정 방식은 데이터 부정사용행위의 유형을 영업비밀 침해 행위에 준하는 방식으로 규정한 것이다.

이처럼 우리 「부정경쟁방지법」은 이중적인 요건 구조를 통해 데이터 부정사용행위를 규제하고 있다. 이는 데이터의 부정사용행위를 모두 규제의 대상으로 하는 것이 아니라 그 가운데서 특정한 유형에 해당하는 경우만을 한정해 규제의 대상으로 한 것이다. 이러한 이중적인 요건 구조는 정당한 데이터 활용과 부정경쟁행위에 속하는 데이터 남용을 구분해 규제의 명확성과 예측 가능성을 높이기 위한 장치를 마련하기 위한 것으로 볼 수 있다.

데이터 부정사용행위의 주요 요건

데이터 부정사용행위에 해당하기 위한 요건으로, 첫째, 데이터가 업으로서 특정인 또는 특정 다수에게 제공되어야 한다. 여기서 업의 의미는 반복해 계속적으로 제공하고 있는 경우나, 그러한 의지가 있는 경우를 의미한다. 사업을 영위하는 것으로 볼 수 있는 경우는 이에 해당한다고 할 수 있다. 이때 구체적인 제공 실적은 없더라도 사업으로 반복적인 제공을 하려는 의사가 객관적으로 인정될 수 있다면, 이 요건을 충족할 수 있다고 본다. 특히 반복적으로 지속되는 특성과 제공 가능성은 모두 동등한 비중으로 중요하게 다뤄진다. 업으로서 이뤄지는 것의 예로는, 데이터 보유자가 반복적으로 데이터를 제공하고 있는 경우, 데이터 보유자가 다음 달부터 데이터 판매를 개시한다는 내용을 홈페이지 등에서 공표한 경우, 컨소시엄 내에서 데이터 보유자가 컨소시엄 구성원에게 제공하고 있는 경우 등을 들 수 있다(經濟産業省, 2019).

다음으로는, 데이터가 전자적 방법으로 상당량이 축적되고 관리되어야 한다. 이때 상당량은 사회 통념상 전자적 방법에 의해 축적됨에 따라 가치를 가지는 것을 의미한다. 즉, 보호 대상을 소위 빅데이터에 한정하는 것이 아니다(重冨貴光, 2020). 어느 정도가 상당량에 해당하는지를 판단하기 위한 별도의 규정은 없다. 그렇기 때문에 이를 판단하기 위해서는 판례 또는 학계의 해석에 따를 수밖에 없다. 그래서 이의 기준에 대한 논의를 보면, 축적을 통해 창출되는 부가가치, 이용 · 활용의 가능성, 거래 가격, 투입된 노력 · 시간 · 비용 등을 고려해 판단할 필요가 있다고 한다. 그리고 단순히 양의 많고 적음만을 보기보다 데이터의 질을 고려해야 할 필요가 있다고도 한다. 만약 일부인 데이터가 제공될 경우에는 그 일부가 축적됨으로써 창출되는 부가가치, 이용 · 활용의 가능성, 거래 가격, 투입되었던 노력 · 시간 · 비용 등을 감안해 이로 인해 해당 일부에 대한 축적이 가치를 발생하고 있다면 상당량을 인정할 수 있게 된다. 그런데 이 상당량 판단은 '보호의 객체' 또는 '데이터에 대한 행위' 중 어느 쪽에 중심을 두는가에 따라 제도적 차이가 발생하게 된다. 전자에 중심을 두는 경우에는 보호 요건을 조절하는 것을 주된 방식으로 사용한다면, 후자에 중심을 두는 경우에는 행위 양태를 특정해 규제하는 것을 주된 방식으로 하기 때문이다. 우리나라는 '데이터에 대한 행위'에 중심을 두고, 상당량의 인정 여부를 판단하고 있는 것으로 보인다. 이러한 방식의 채택으로 인해 구체적인 행위 유형을 명시하는 이중적 요건 구조가 적용된 것이다. 축적의 상당량이 인정될 수 있는 것으로 볼 수 있는 예로는 휴대전화의 위치 정보를 전국 범위로 축적하고 있는 사업자가 특정한 지역을 단위로 추출해 판매하고 있는 경우에 그 특정 지역분의 데이터에 대해서도 전자적 방법에 의해 축적됨으로써 거래상의 가치를 가지고 있다고 생각되는 데이터, 자동차의 주행 이력에 따라 만들어지는 데이터베이스에 대해 실제로는 해당 데이터베이스를 전체적으로 제공하고 있으며, 그중 일부를 추출해 제공하지는 않더라도 전자적 방법에 의해 축적됨으로써 가치가 발생하고 있는 일부분의 데이터 등을 들 수 있다(経済産業省, 2019).

다음 요건으로는, 부정사용행위의 대상이 되는 데이터는 비밀로 관리되고 있지 않아야 한다. 이 비밀관리 요건은 「부정경쟁방지법」 제2조 제2호에서 규정하는 영업비밀의 한 요건인 비밀 관리성을 의미한다. 이 요건이 포함된 것은 영업비밀과 한정제공데이터 간 차이에 착안해 양자의 중복을 피하기 위한 것인데, 이는 실무적으로 양자의 중첩적 보호 가능성을 부정하는 것은 아니다. 비밀 관리성 판단을 위한 관리 수준에 대해서는 오랜 논의가 이뤄지고 있는데, 개별적 사안에 따른 차이가 있을 수는 있으나 합리적인 수준에서 비밀의 분류와 표기, 비밀 접근 제한, 비밀 유지 서약, 주기적인 교육 실시 등의 제반 노력을 기울였다면 비밀 관리성이 대체로 긍정되는 것으로 본다(박준석, 2020). 이와 같은 판단은 같은 데이터에 대해서도 상황에 따라 다르게 판단될 수 있다. 예를 들면, 종업원에게 대외비로 지정된 데이터의 제3자 공개 금지 의무를 부과하거나 전자적 관리를 실시하는 경우에는, 영업비밀로 보호될 수 있겠지만, 데이터 보유자가 제3자와 공유하는 것에 가치를 찾아 제공을 개시하게 되면 영업비밀로 보호될 수가 없기 때문에 비밀로 관리되고 있는 것에 해당하지 않게 된다(經済産業省, 2019).

규제 대상 행위의 유형

부정경쟁행위에 속하는 데이터 부정사용행위가 이중적 요건 구조에 따라 규제되고 있음은 앞에서 살펴보았다. 따라서 데이터 부정사용행위 요건을 충족함에 더해 법률에 제시된 구체적인 규제 대상 행위 유형 중 어느 하나에 해당되어야 부정경쟁행위로 규제된다. 이에 「부정경쟁방지법」은 네 가지의 규제 대상 행위 유형으로 부정취득 유형(카목1), 신의칙 위반 유형(카목2), 악의 전득 유형(카목3), 데이터 보호에 관한 기술적 보호조치 무력화 행위(카목4) 가운데 하나에 해당할 경우, 규제의 대상으로 정하고 있다.

부정 취득 유형(카목 1)은 접근 권한이 없는 자가 절취·기망·부정 접속 또는 그 밖의 부정한 수단으로 데이터를 취득하거나 그 취득한 데이터를 사용·공개하는 행위를 의미한다. 여기서 접근 권한이란 데이터 보유자가 설정한 데이터에 관한 전자적 관리 방법 및 절차에 따라 데이터의 취득, 사용, 공개 등 일정한 행위를 할 수 있는 권한으로 해석되며, 취득이란 데이터를 자신의 관리하에 두는 것을 의미한다. 데이터가 기록되어 있는 매체 등을 통해 자신 또는 제3자가 데이터 자체를 손에 넣는 행위, 데이터가 찍힌 디스플레이를 사진으로 찍는 등 데이터가 기록되어 있는 매체 등의 이동을 수반하지 않는 형태로 데이터를 자신 또는 제3자가 손에 넣는 행위 등이 취득에 해당한다.

신의칙 위반 유형(카목 2)은 데이터 보유자와의 계약관계 등에 따라 데이터에 정당한 접근 권한이 있는 자가 부정한 이익을 얻거나 데이터 보유자에게 손해를 입힐 목적으로 그 데이터를 사용·공개하거나 제3자에게 제공하는 행위를 의미한다. 즉, 데이터 취득 자체에는 위법이 없으나, 취득한 데이터를 데이터 보유자의 정당한 신뢰를 저버리는 내용 또는 방법으로 사용하는 등을 신의칙 위반으로 보는 것이다.

악의 전득 유형(카목 3)은 부정 취득 유형 또는 신의칙 위반 유형이 개입된 사실을 알고 데이터를 취득하거나 그 취득한 데이터를 사용 · 공개하는 행위를 의미한다. 이 유형에서의 데이터 취득 및 취득 데이터의 사용 · 공개는 악의를 요건으로 하는데, 이때 악의는 '한정제공데이터 부정취득행위 또는 한정제공데이터 부정개시행위의 존재', '한정제공데이터 부정취득행위 또는 한정제공데이터 부정개시행위가 행해진 데이터와 전득한 데이터가 동일한 것이라는 양자의 인식'이 요구된다. 단순히 그 진위가 불분명한 데 그치는 상태는 악의의 상태라고 할 수 없다.

그리고 데이터 보호에 관한 기술적 보호조치 무력화 행위(카목 4)는 정당한 권한 없이 데이터의 보호를 위해 적용한 기술적 보호조치를 회피 · 제거 또는 변경(무력화)하는 것을 주된 목적으로 하는 기술 · 서비스 · 장치 또는 그 장치의 부품을 제공 · 수입 · 수출 · 제조 · 양도 · 대여 또는 전송하거나 이를 양도 · 대여하기 위해 전시하는 행위(다만 기술적 보호조치의 연구 · 개발을 위해 기술적 보호조치를 무력화하는 장치 또는 그 부품으로 제조하는 경우는 제외)를 의미한다. 이 행위 규제는 다른 규제 대상 행위가 데이터 자체에 대한 보호를 대상으로 하는 것과 달리 데이터를 보호하기 위한 기술적 보호조치를 보호하는 데 차이가 있다. 데이터 보호에 관한 기술적 보호조치 무력화 행위 규제는 「저작권법」상 데이터베이스에 대한 기술적 보호조치 무력화 금지 규정을 참고해 「부정경쟁방지법」에 따른 데이터 보호 규범에도 유사하게 적용되도록 한 것으로 이해된다(정원준 외, 2020).

규제 공백 발생 문제의 논의

현재 법률상 요건에 의하면 특정한 데이터가 비밀로 관리되고 있는지에 따라 영업비밀 또는 부정경쟁행위로 규제하고 있다. 그러나 일단 영업비밀에 속하지만 사후에 비공지성의 요건을 충족하지 못하게 될 경우, 규제의 공백이 발생한다는 문제가 지적되고 있다. 이러한 공백은 시장의 혼란을 초래할 여지가 있다. 이는 비밀로 관리하지 않는 경우에는 법률에 의해 보호를 받게 되지만, 정작 비밀로 관리했음에도 불구하고 법률에 의한 보호를 받지 못하게 되는 불합리한 상황을 초래할 수 있기 때문이다. 데이터는 기본적으로 거래를 통해 가치가 창출되므로, 시장이 확대될수록 거래 역시 더욱 활발해질 수밖에 없다. 이러한 특성을 고려할 때, 비공지성 요건을 충족하기는 점점 더 어려워질 것으로 보이며, 그로 인해 제도의 불합리성은 더욱 커질 수 있다는 문제가 있다. 한편, 이 보호의 공백은 데이터 부정사용에 따른 법적 책임을 회피하기 위한 수단으로 악용될 수 있다는 문제도 제기된다.

참고문헌

김시열(2023). "일본의 한정제공데이터 보호 규정 재논의와 데이터에 관한 우리 부정경쟁방지법의 개정 방안". 《지식재산연구》, 18(1), 111-145쪽, https://www.kci.go.kr/kciportal/ci/sereArticleSearch/ciSereArtiView.kci?sereArticleSearchBean.artiId=ART002948777

박준석(2020). "제2조(정의) 2호"(369-427쪽). 정상조 편. 《부정경쟁방지법 주해》. 박영사.

정원준 외(2020.12). "2020년 데이터 지식재산권 보호방안 연구". 특허청, https://eiec.kdi.re.kr/policy/materialView.do?num=221651&topic=&pp=20&datecount=&recommend=&pg=

특허청(2022.9.15). "부정경쟁방지 및 영업비밀보호에 관한 법률 조문별 해설서", https://www.kipo.go.kr/ko/kpoBultnDetail.do?menuCd=SCD0200640&ntatcSeq=16587&sysCd=&aprchId=BUT0000048

経済産業省(2019.1.23). “限定提供データに関する指針”,
https://www.meti.go.jp/policy/economy/chizai/chiteki/guideline/h31pd.pdf
重冨貴光(2020). “限定提供データ保護について”. 《パテント》, 73(8), 1-18쪽,
https://jpaa-patent.info/patent/viewPdf/3512

07
영업비밀 보호를 통한 데이터 보호

데이터에 영업비밀에 해당하는 정보가 포함되어 있을 경우에는 영업비밀 보호 체계가 적용되어 해당 데이터의 유통 및 사용이 제한될 수 있다. 즉, 영업비밀이 포함된 데이터는 「부정경쟁방지법」에 의한 보호 대상이 된다. 이는 해당 데이터를 사실상 재산적 가치를 지닌 정보로 인정받게 하는 효과를 가져온다. 이를 통해, 영업비밀 보호는 데이터 소유의 실질적인 기반으로 작용할 수 있다.

AI와 애니메이션?

데이터 소유 체계에서 영업비밀 보호가 갖는 의의

특정 데이터에 영업비밀에 해당하는 정보가 포함되어 있을 경우에는 영업비밀 보호 체계가 적용되어 해당 데이터의 유통 및 사용이 제한될 수 있다. 해당 데이터를 생성한 주체에게 귀속되는 영업비밀이 타인에게 공유될 경우, 의도치 않은 영업상 손실이 발생할 수 있으며, 공개를 통해 영업비밀로서의 법적 지위를 상실할 위험도 존재한다. 이러한 이유로, 데이터를 활용하는 과정에서 영업비밀이 포함되어 있다면, 영업비밀 보호 체계에 따른 규제가 적용된다.

영업비밀은 개인 또는 기업이 경쟁상 우위를 확보하기 위해 상당한 비용과 인력, 시간을 투입해 개발하거나 축적한 기술적 또는 경영상의 정보를 포괄하는 개념이다(특허청, 2022). 앞서 살펴본 바와 같이, 현재 데이터는 전통적인 소유권 보호의 대상이 아니지만, 일정 요건을 충족하는 경우 영업비밀로서 보호받을 수 있으며, 이는 해당 데이터를 사실상 재산적 가치를 지닌 정보로 인정받게 하는 효과를 가져온다. 이와 같이, 영업비밀 보호는 데이터 소유의 실질적인 기반으로 작용할 수 있다.

다만, 영업비밀이 재산적 가치가 있는 정보로서 보호

받기 위해서는 관련 법률에서 정한 요건을 충족해야 한다. 우리나라에서는 「부정경쟁방지법」을 통해 영업비밀 보호에 관한 규정을 두고 있으며, 이 법은 부정경쟁행위에 대한 규제와 함께 영업비밀 보호에 관한 요건도 명시하고 있다. 따라서 해당 요건을 충족할 경우, 영업비밀이 포함된 데이터에 대해서도 법적 보호가 가능해진다.

영업비밀 성립 요건

영업비밀은 공공연히 알려져 있지 아니하고 독립된 경제적 가치를 가지는 것으로서, 비밀로 관리된 생산 방법, 판매 방법, 그 밖에 영업 활동에 유용한 기술상 또는 경영상의 정보라고 정의된다(「부정경쟁방지법」 제2조 제2호). 이 정의에서 영업비밀의 성립 요건을 도출해 보면, ① 비밀 관리성, ② 경제적 유용성, ③ 비공지성의 3가지 요건을 충족할 것이 요구된다. 이 세 가지 요건은 상호 밀접하게 연결되어 있어, 개별적으로 독립된 의미를 갖기보다는 통합적으로 해석되어야 하며, 모두 충족되어야 특정한 정보가 영업비밀로 인정될 수 있다. 이 요건을 구체적으로 살펴본다.

첫째는 비밀 관리성이다. 이 요건은 영업비밀 침해 분쟁에서, 해당 정보가 영업비밀에 해당하는지를 판단하는 데 가장 큰 영향을 미친다. 비밀 관리성이란, 영업비밀로 주장되는 정보가 정당한 권리를 가진 자의 통제 아래에 있으며, 외부로부터의 통제되지 않은 무단 접근이 제한되고, 정보 유출을 방지하기 위한 일련의 조치가 취해지고 있음을 의미한다. 따라서 해당 정보가 외부에 공개되지 않았다는 사실만으로는 부족하며, 이를 비밀로 보호하려는 의도와 노력이 객관적으로 인정될 수 있어야 한다. 통상적으로 비밀 관리성을 인정받기 위해서는 문서나 파일에 비밀 여부를 표시하고 이를 분류 및 관리하는 것, 인가된 인원에게만 접근 권한을 부여하는 것, 임직원 등에게 비밀유지의무를 부과하는 것, 영업비밀 관련 교육의 실시, 보안 규정의 제정 같은 조치들이 요구된다. 이 요건과 관련해 쟁점이 되어왔던 부분은 '어떻게 비밀로 관리되어야 하는가'에 대한 기준이었다. 과거에는 '상당한 노력'이 요구되었으나, 이후 법 개정을 통해 '합리적인 노력'으로 기준이 완화되었고, 현재는 '비밀로 관리되었을 것'만으로도 비밀 관리성이 인정될 수 있도록 규정되었다. 그러나 현행 「부정경쟁방지법」이 비밀 관리성을 인정하기 위한 요건을 다소 완화한 것일 뿐, 특정한 정보가 비밀로 관리되어야 한다는 본질적 요건 자체는 여전히 유효하다. 즉, 해당 정보는 어떠한 형태로든 영업비밀 보유자의 일정한 노력과 조치를 통해 관리되고 있어야 한다고 해석된다(서울중앙지방법원 2020.6.4. 선고 2020카합20060 판결 참조).

둘째 요건은 경제적 유용성이다. 이는 해당 정보가 경쟁상 우위를 제공하거나 경제적 이익을 창출할 수 있는 가치를 지닌 정보에 해당함을 의미한다. 여기서 '유용성'이라는 개념은 그 정보가 실제로 사용되고 있는지보다는, 사용될 경우 경제적 가치를 제공할 수 있는 가능성의 유무에 중점을 둔다.

셋째 요건은 비공지성이다. 비공지성은 해당 정보가 일반적으로 입수 가능한 상태에 있지 않으며, 업계 종사자나 일반인 등이 통상적인 방법으로는 그 정보의 내용을 알 수 없는 상태에 있다는 것을 의미한다. 다만, 비밀로 유지되어야 할 정보가 어떤 방식으로든 타인에게 알려진 상태가 되었다고 해서, 반드시 비공지성 요건이 충족되지 않는 것은 아니다. 이 경우, 해당 정보를 알고 있는 자가 비밀유지의무를 부담하고 있는 관계에 있다면, 여전히 비공지성은 유지되는 것으로 본다.

이러한 성립 요건들은 완전하게 고정된 개념은 아니다. 기술 환경의 변화와 산업의 다양성에 따라, 이들 개념은 점차 변화하고 있는 중이다. 특히 비밀 관리성 요건과 관련해서는, 그 관리 수준에 대한 요구가 완화되는 방향으로 지속적으로 변화되고 있다. 또한, 데이터 마이닝, 리버스 엔지니어링, 웹 크롤링 같은 기술의 발전으로 인해, 외형상 비공개 상태에 있는 정보라도, 사실상 유추하거나 접근할 수 있는 가능성이 점점 높아지고 있다. 이러한 변화는 비공지성 요건의 판단 기준에도 직접적인 영향을 미치고 있다.

영업비밀 침해 행위의 유형

영업비밀의 성립 요건 세 가지를 모두 충족한다고 하더라도, 그 자체만으로 어떤 권리가 발생하거나 법적으로 권리로서 인정되는 것은 아니다. 다만, 「부정경쟁방지법」이 요구하는 성립 요건을 충족한 영업비밀은, 동법에 따라 영업비밀 침해 행위로부터 법적 보호를 받을 수 있는 대상이 된다. 「부정경쟁방지법」은 영업비밀 침해에 대한 규제를 포괄적으로 설정하지 않고, 구체적인 침해 행위 유형을 열거하는 방식으로 규율하고 있다. 즉, 법률에 명시된 침해 행위에 해당하는 경우에만 영업비밀 침해로 인정되는 것이다. 「부정경쟁방지법」에 의한 영업비밀 침해 행위는 크게 두 가지 기본 유형으로 나눌 수 있다. 첫째는 제3자의 부정취득행위, 둘째는 비밀유지

의무 위반 행위다. 법은 이 두 가지 기본적인 침해 행위 유형과 더불어 각각에 대한 사후적 관여 행위 또한 침해 행위로 규정하고 있다. 각 행위 유형을 구체적으로 살펴본다.

먼저, 제3자의 부정취득행위에 관한 행위 유형이다. 이는 '절취(竊取), 기망(欺罔), 협박, 그 밖의 부정한 수단으로 영업비밀을 취득하는 행위(부정취득행위) 또는 그 취득한 영업비밀을 사용하거나 공개(비밀을 유지하면서 특정인에게 알리는 것을 포함)하는 행위'를 의미한다. 이 행위에 관한 사후적 관여 행위로는 '영업비밀에 대해 부정취득행위가 개입된 사실을 알거나 중대한 과실로 알지 못하고 그 영업비밀을 취득하는 행위 또는 그 취득한 영업비밀을 사용하거나 공개하는 행위'와 '영업비밀을 취득한 후에 그 영업비밀에 대해 부정취득행위가 개입된 사실을 알거나 중대한 과실로 알지 못하고 그 영업비밀을 사용하거나 공개하는 행위'를 규정하고 있다.

다음으로, 비밀유지의무 위반 행위에 관한 행위 유형이다. 이 유형은 '계약관계 등에 따라 영업비밀을 비밀로서 유지해야 할 의무가 있는 자가 부정한 이익을 얻거나 그 영업비밀의 보유자에게 손해를 입힐 목적으로 그 영업비밀을 사용하거나 공개하는 행위'를 기본 유형으로 한다. 그리고 이에 대한 사후적 관여 행위로는 '영업비밀이 라목에 따라 공개된 사실 또는 그러한 공개 행위가 개입된 사실을 알거나 중대한 과실로 알지 못하고 그 영업비밀을 취득하는 행위 또는 그 취득한 영업비밀을 사용하거나 공개하는 행위', '영업비밀을 취득한 후에 그 영업비밀이 라목에 따라 공개된 사실 또는 그러한 공개 행위가 개입된 사실을 알거나 중대한 과실로 알지 못하고 그 영업비밀을 사용하거나 공개하는 행위'를 규정하고 있다.

참고문헌

특허청(2022.9.15). "부정경쟁방지 및 영업비밀보호에 관한 법률 조문별 해설서",
https://www.kipo.go.kr/ko/kpoBultnDetail.do?menuCd=SCD0200640&ntatcSeq=16587&sysCd=&aprchId=BUT0000048

08
개인정보가 포함된 데이터의 보호

개인정보가 포함된 데이터는 「개인정보 보호법」 등의 규제를 통해 보호받는다. 이는 정보 주체가 자기 정보를 통제할 권리를 본질로 한다. 개인정보 자기결정권을 통해 개인정보는 단순한 정보가 아닌 인격적 주체성과 연결된 보호 대상이 된다. 데이터 소유 문제에서 이는 정보 주체가 해당 데이터에 대해 일정한 통제권을 가진다는 점을 보여 주며, 단순한 거래 자산이 아닌 인격적 권리가 개입된 특수한 데이터 유형으로 기능함을 시사한다.

AI와 인재 채용?

개인정보 보호의 발전

개인정보가 포함된 데이터 역시 개인정보에 대한 규제를 통해 보호를 받을 수 있다. 개인정보 보호의 개념은 프라이버시의 관념에서 연원을 두고 있다. 서구에서 프라이버시는 일반적으로 사생활적 이익 전반을 포괄하는 개념으로 이해된다. 본래 프라이버시는 '혼자 있을 수 있는 권리(right to be let alone)'에서 출발했으나, 오늘날에는 개인이 자기 정보를 스스로 관리하고 통제할 수 있는 권리로 확장되어 해석되고 있다. 이러한 프라이버시에 관한 권리는 1880년 미국의 쿨리(Thomas Cooley) 판사가 '혼자 있을 권리'라는 표현을 사용한 것을 기원으로 한다. 이후 1960년 프로서(William L. Prosser)는 프라이버시 침해를 네 가지 유형으로 구분했는데, 이 중 '사적인 사항의 공표' 유형은 오늘날 개인정보 침해와 가장 밀접한 관련이 있는 유형이라 할 수 있다. 다만, 당시 이 개념은 현재와 같은 개인정보 유출의 개념보다는 명예나 신용 훼손, 명의 도용 등의 맥락에서 주로 다뤄졌다는 데 차이가 있다.

1960년대 컴퓨터의 출현과 이후 디지털 정보 기술의 발전은 점차 정보 주체의 프라이버시에 대한 위협을 인식하게 했고, 이로 인해 개인정보 보호에 대한 문제의식이 확산되기 시작했다. 이전에는 일상적인 업무 수행을 위해 타인의 개인정보를 수집·이용하더라도 이를 별도로 규율하지 않았고, 별도의 보호 대상으로 간주하지도 않았다. 그러나 1980년대 이후 컴퓨터 및 네트워크 기술이 비약적으로 발전하면서 개인정보가 전자화된 네트워크 환경으로 옮겨지고, 그에 따라 디지털화가 본격적으로 진행되었다. 이 과정에서 개인정보는 대규모로 집적되고, 무한히 복제 및 분석될 수 있으며, 초고속으로 전파될 수 있는 성질을 갖게 되었다. 동시에, 이러한 집적된 개인정보를 저장하거나 운영하는 네트워크 시스템에 대한 침해와 공격 기술도 고도화되는 양상을 보였다. 최근에는 이러한 정보의 집적과 디지털화가 극대화되면서, 개인정보 보호와 관련된 위협이 더욱 심각해지고 있다. 개인정보 디지털화는 분명 편리함 같은 순기능도 존재하지만, 동시에 침해 규모의 대형화, 침해 유형의 정교화 등 부정적인 효과를 동반했다. 이러한 변화로 인해 과거와는 달리, 오늘날에는 개인정보 보호를 위한 현대적인 의미의 규제 필요성이 강하게 제기되고 있다.

개인정보 자기결정권의 인정과 보호

개인정보 보호에 대한 의미가 명확히 규정되지 않았던

상황에서 2005년 헌법재판소의 「주민등록법」 제17조의8 등의 위헌 확인 판결은 개인정보 개념의 헌법적 보호 근거를 마련하는 계기가 되었다. 헌법재판소(헌재 2005.5.26. 99헌마513)는 "헌법 제17조의 사생활의 비밀과 자유, 헌법 제10조 제1문의 인간으로서의 존엄과 가치 및 행복 추구권에 근거를 둔 일반적 인격권 또는 위 조문들과 동시에 우리 헌법의 자유민주적 기본 질서 규정 또는 국민 주권 원리와 민주주의 원리 등"을 이념적 기초로 거론하면서 헌법에 명문으로 명시되지 않았지만 독자적인 기본권으로서 개인정보 자기결정권을 도출했다. 다만, 이에 대해 개인정보에 대한 보호 법익을 개인정보 자기결정권으로 한정한 것에 대한 비판도 존재한다.

한편, 개인정보 자기결정권의 보호 대상이 되는 개인정보는 개인의 신체, 신념, 사회적 지위, 신분 등과 같이 인격적 주체성을 특징짓는 사항으로, 개인의 동일성을 식별할 수 있게 하는 일체의 정보를 말한다. 이러한 정보는 반드시 개인의 내밀한 영역이나 사적 영역에 한정되지 않으며, 공적 생활에서 형성되었거나 이미 공개된 정보도 포함된다(헌법재판소 2018.8.30. 2014헌마843 등).

우리 법체계에서 개인정보와 관련된 대표적인 법률로는 「개인정보 보호법」, 「정보통신망 이용촉진 및 정보보호 등에 관한 법률」, 「신용정보의 이용 및 보호에 관한 법률」, 「위치 정보의 보호 및 이용 등에 관한 법률」 등이 있다. 이 중 「개인정보 보호법」은 개인정보 보호에 관한 일반법으로서의 지위를 가진다.

「개인정보 보호법」상 개인정보의 보호

개인정보란 살아 있는 개인에 관한 정보로서, 성명, 주민등록번호, 영상 등 해당 정보만으로 개인을 식별할 수 있는 정보, 또는 다른 정보와 쉽게 결합해 개인을 식별할 수 있는 정보, 그리고 가명 정보를 포함한다.

개인정보의 성립 요건 중 '살아 있는 개인에 관한 정보'라는 요건은, 해당 정보가 개인과 관련되어 있어야 함을 의미하므로, 순전히 단체와 관련된 정보와는 구별된다. 다만, 단체 구성원에 관한 정보는 개인정보에 해당할 수 있다. 이 요건은 정보 주체인 개인의 특성이나 행동을 나타내거나 취급 또는 평가받는 방식을 결정하거나 이에 영향을 미치는 데 의미를 지닌다. 예를 들어, 사상 · 신조 · 가치관 · 종교관 등의 내면 정보, 건강 · 신체적 특징 등의 심신 정보, 학력 · 범죄 경력 · 직업 등의 생활 정보, 소득 · 재산 상황 등의 경제 정보, 성명 · 주소 · 가족 관계 등의 인적 사항 등이 이에 해당한다. 다만, '살아 있는'이라는 요건은 헌법재판소가 명시한 개인정보의 개념 요소에 포함된 것이 아니다 보니, 기본권 주체의 권리 보장에 미흡하다거나 현실적 실익이 부족하다는 등의 비판이 제기되기도 한다.

다음으로, 개인정보는 '성명, 주민등록번호, 영상 등'을 통해 개인을 식별할 수 있는 정보이어야 한다. 일반적으로 그 자체만으로 개인을 식별할 수 있는 정보, 즉 고유 식별자는 개인정보로 인정된다. 그러나 「개인정보 보호법」은 성명이나 주민등록번호 자체를 곧바로 개인정보로 보는 것이 아니라, 그 요소들을 통해 개인을 식별할 수 있는 정보가 된 것을 개인정보로 인정하고 있다. 한편, 홍채, 음성 정보 등과 같이 성명이나 주민등록번호를 사용하지 않고도 개인을 식별할 수 있는 정보에 대해서는, 「개인정보 보호법」상 개인정보로 명확히 인정되는지가 불분명하다는 지적도 존재한다.

그리고 '개인을 알아볼 수 있는 정보'는 해당 정보 자체만으로 특정 개인을 식별할 수 있는 정보를 의미한다. 이때 '식별 가능성'에 대한 판단 기준을 두고 견해가 나뉘는데, 정보 처리자(예를 들어 기업 등)를 기준으로 판단해야 한다는 견해("개인정보 비식별 조치 가이드라인", 2016)와 일반인을 기준으로 판단해야 한다는 견해(대전지법논산지원 2013.8.9. 선고 2013고단17 판결) 등이 있다.

이와 같은 개인정보는 법이 명시한 일정한 침해 행위가 발생할 경우, 해당 행위자에 대한 처벌을 통해 보호된다. 대표적인 법 위반 행위로는 개인정보 처리자가 정보 주체의 동의를 받지 않고 정보 주체의 개인정보를 제3자에게 제공(공유)한 경우, 정당하게 개인정보를 수집한 경우라도 그 수집 목적의 범위를 초과해 이용하는 경우 등이 있다.

09
데이터 거래 계약에서의 문제

데이터는 활용될 때에야 사회적으로 유의미한 가치를 형성한다. 데이터 거래가 데이터 소유 체계의 정당성을 뒷받침한다. 그러나 거래 대상이 되는 데이터에는 재산적 권리가 중첩적으로 존재하는 경우가 많아, 데이터 거래의 복잡성은 더욱 가중된다. 이에 모든 권리 관계를 종합적으로 이해하고 계약을 면밀하게 설계하는 작업이 필수적이다.

AI와 기자?

데이터 거래의 유형

데이터는 경제 및 사회 전반에 걸쳐 다양한 형태와 주체들에 의해 활용되며 높은 부가가치를 창출하고 있다. 다른 물건과 달리, 데이터는 단순히 소유하고 있는 것만으로는 그 가치가 실현되지 않으며, 실제로 활용될 때에야 사회적으로 유의미한 가치를 형성한다. 이러한 특성 때문에, 데이터 거래는 데이터 소유 체계의 정당성을 뒷받침하는 핵심 요소로 작용한다. 최근 들어 데이터의 중요성이 더욱 부각되고 있으며, 다양한 산업 분야에서의 활용도 빠르게 증가하고 있다. 그러나 데이터는 필요할 때마다 그 사용을 위해 새롭게 생성할 수 있는 것은 아니기 때문에, 이미 존재하는 데이터를 가공하거나 재사용하기 위한 거래의 역할이 점점 중요해지고 있다. 그러나 산업 전반에 걸친 데이터의 많은 사용에도 불구하고 아직 데이터 거래의 유형이 충분히 정립되었다고 하기는 어렵다. 시장 환경과 사회 구조 등의 변화에 따라 데이터 거래 방식이 지속적으로 변화하고 있기 때문이다. 따라서 현재 논의되고 있는 데이터 거래 유형들은 어디까지나 현시점에 한정된 분류일 뿐이며, 앞으로도 다양한 형태의 새로운 거래 유형이 등장할 가능성은 충분히 열려 있다.

2024년 10월 과학기술정보통신부가 발표한 "데이터 표준계약서"는 데이터 거래 유형을 크게 네 가지로 분류하고 있다. 데이터 제공형, 데이터 창출형, 데이터 가공서비스형, 데이터 중개거래형으로 구분한다(과학기술정보통신부, 2024). 이 분류를 기준으로 각각의 거래 유형을 살펴본다.

먼저, '데이터 제공형' 거래는 데이터 제공자(판매기업)가 보유하고 있거나, 향후 수집해 보유하게 될 데이터를 상품화해 데이터 이용자(구매 기업)에게 제공하는 형태의 거래를 의미한다. 이 유형의 거래는, 예를 들어 한 기업이 지도 애플리케이션의 내비게이션 기능을 개발하기 위해 실시간 교통 정보를 보유한 다른 기업으로부터 해당 데이터를 구매하는 경우같이, 제공자가 이미 보유하고 있는 데이터를 이용자에게 제공하는 방식으로 이뤄진다.

계약 형태로는 크게 양도 계약과 이용허락 계약으로 나눌 수 있다. 양도 계약은 데이터 제공자가 해당 데이터에 대한 일체의 권리를 거래 상대방에게 이전하는 방식으로, 이 경우 제공자는 양도 이후 데이터에 대한 모든 통제권을 상실하게 된다. 반면, 이용허락 계약은 제공자가 정해진 기간 동안 이용자에게 데이터를 이용할 독점적 또는 비독점적 권한을 부여하는 형태의 계약이다. 데이터는 유형물과 달리 비배제성과 비경합성이라는 특성을 지니고 있기 때문에, 계약 이후에도 제공자와 이용자 모두 동일한 데이터를 활용할 수 있게 된다. 그런데 실무적으로 이용허락 계약 시 이용 매체의 범위를 약정하지 않은 경우, 그리고 구체적인 계약이 이용허락 계약인지 혹은 양도 계약인지 불명확한 경우, 문제 되는 사례가 있다. 이에 대해 법원은 전자에 대해 이용허락 계약을 체결하게 된 동기 및 경위, 달성하려는 목적, 거래 관행, 당사자의 지식, 경험 및 경제적 지위, 수수된 급부의 균형성, 예견 가능성, 시장 대체성 등을 종합적으로 고려해 허락의 범위를 해석하도록 했다(서울고등법원 2007.12.16. 선고 2007나52074 판결). 그리고 후자에 대해서도 계약의 본질적 특성 등을 종합적으로 고려해 판단하도록 판시한 바 있다(서울고등법원 2013.12.19. 선고 2013나2010916 판결).

둘째, '데이터 창출형' 거래는 복수의 당사자가 협력해 기존에는 존재하지 않던 새로운 데이터를 공동으로 생성하는 방식의 거래를 의미한다. 예를 들어, 공작 기계 제조업체가 납품한 기계에 센서를 설치하고, 기계가 작동함에 따라 해당 센서로부터 가동 데이터를 수집하는 경우를 생각할 수 있다. 이때 제조업체가 수집된 데이터를 분석해, 기계가 설치된 각 공장의 운영 상황에 맞는 컨설팅이나 유지 보수 서비스를 제공하는 방식의 거래가 이에 해당한다. 이러한 유형의 거래에서는 데이터라는 최종 생산물의 창출에 모든 거래 당사자가 일정 부분 기여하게 되므로, 생성된 데이터의 소유권 또는 이용 권한의 범위를 어떻게 설정할 것인지, 그리고 해당 데이터로부터 지식재산권이 발생할 경우 그 귀속을 어떻게 정할 것인지가 핵심 쟁점이 된다. 또한, 생성된 데이터를 제3자에게 판매하거나 2차적으로 활용해 추가적인 수익이 발생하는 경우, 그 수익을 어떻게 배분할 것인지도 거래 당사자 간에 중요한 협의 대상이 된다. 이처럼 데이터 창출형 거래는 단순한 이전이 아니라 공동 기여에 따른 권리 관계의 설정과 수익배분 문제를 수반하는 복합적인 거래 유형이라고 할 수 있다.

셋째, '데이터 가공서비스형' 거래는 전문적인 데이터 가공 사업자(가공 기업)가 데이터 이용자의 요구에 맞추어 데이터를 가공하거나 정제한 후, 그 결과물을 제공하는 도급 형태의 거래를 의미한다. 이 유형은 데이터 자체가 직접 거래의 대상이 되는 앞선 거래 유형들과 달리, 데이터 가공이라는 서비스 자체가 거래의 대상이 된다는 점에서 차이를 가진다. 예를 들어, 병원이 특정 질병의 발병 위험 인자를 분류하고, 이를 기반으로 환자의 예후를 예측할 수 있는 모델을 개발하고자 할 때, 자사 보유의 의료 데이터를 전문 분석 기업에 제공해 이를 정제하거나 분석해 줄 것을 요청하는 경우가 이에 해당한다. 이러한 거래에서 중요한 쟁점 중 하나는, 가공된 결과물에 대해 지식재산권이 발생할 경우 그 귀속을 어떻게 정할 것인가에 관한 문제다. 즉, 데이터 이용자와 가공 기업 간에 가공 결과물의 법적 소유권과 활용 권한을 어떻게 배분할 것인지가 계약 체결 시 핵심적인 고려 사항이 된다.

마지막으로, '데이터 중개' 거래는 플랫폼 운영자와 데이터 제공자 간의 거래, 그리고 플랫폼 운영자와 데이터 이용자 간의 거래로 구분된다. 이 거래 유형은 오픈마켓 형태의 데이터 거래 플랫폼이나 데이터 거래사 등 중개인을 통해 데이터를 판매하거나 구매하는 방식의 거래를 의미한다. 이와 같은 중개형 거래는 데이터 제공자와 이용자가 직접 거래하는 것이 아니라, 플랫폼이나 중개기관을 매개로 이뤄진다는 점에서 특징이 있다. 다만, 이러한 거래는 데이터의 소유권 문제와는 다른 거래 유형에 비추어 상대적으로 관련성이 높지 않다. 즉 거래의 본질은 소유권의 이전보다는 접근과 이용의 중개에 초점이 맞추어져 있다고 볼 수 있다.

이하에서는 이와 같은 표준 계약서상 제시된 데이터 거래의 다양한 유형 속에서 데이터 소유의 문제와 관계된 주요한 사항을 살펴본다.

데이터 이용허락 시의 문제

데이터 이용허락과 관련해 가장 중요한 쟁점 중 하나는 이용허락의 범위를 어떻게 설정할 것인가에 대한 문제다. 이러한 문제는 주로 데이터 제공형 거래나 데이터 가공서비스형 거래에서 두드러지게 나타난다. 데이터는 유형물과는 달리 무형물이 갖는 고유한 특성을 지니고 있으며, 이러한 특성 때문에 거래 과정에서 특별한 법적 고려가 필요하다.

데이터 같은 무형의 대상은 그 자체만으로도 거래의 대상이 될 수 있지만, 앞서 살펴본 바와 같이 지식재산권이 함께 병존하는 경우가 많다. 따라서 유형의 물건을 양도하거나 임대하는 경우와 달리, 데이터 거래에서는 데이터 자체에 대한 권리와 지식재산권에 대한 권리를 구분해 각각 별도로 설정하고 거래할 필요가 있다. 그렇기 때문에 데이터 이용허락 계약이 체결되었다고 하더라도 별도의 명시적 합의가 없는 한, 그에 포함된 지식재산권은 이용자에게 이전되지 않는다. 특히 「저작권법」 상 저작권은 아니지만, 데이터베이스제작자에게 부여되는 권리(데이터베이스제작자의 권리)와 같이 지식재산권 법체계에서 별도로 부여되는 권리도 별도로 다뤄져야 하는 것들이다.

한편, 데이터의 비경합성 등의 특성으로 인해 특정 이용자에게 데이터를 이용할 수 있도록 허락하더라도 동시에 다른 이용자에게도 동일한 데이터를 허락할 수 있게 된다. 따라서 데이터 제공자는 하나의 데이터를 여러 이용자에게 동시에 제공할 수 있으며, 제공자 자신도 계속해서 해당 데이터를 이용할 수 있다. 다만, 계약을 통해 배타적 이용허락이 이뤄진 경우에는 상황이 달라진다. 배타적 이용허락이 이뤄진 경우에는 해당 데이터를 이용할 수 있는 권한이 특정 이용자에게만 부여되며, 이때는 데이터 제공자조차도 해당 데이터의 이용이 제한된다.

한편, 데이터 양도 계약의 경우에도 동일한 논리가 적용된다. 즉, 데이터 자체의 양도와 그에 포함된 지식재산권의 이전은 원칙적으로 구별되어야 하며, 두 권리는 엄격히 분리해 계약상 별도로 명확히 규율해야 한다.

지식재산권 귀속의 문제

데이터 창출형 거래나 가공서비스형 거래와 같이, 기존 데이터를 활용해 새롭게 생성된 데이터는 각 지식재산권의 성립 요건을 충족하는 경우, 기존 데이터와는 별개의 지식재산권이 발생할 수 있다. 그렇다면 이렇게 발생한 지식재산권은 누구에게 귀속되어야 할 것인가? 기존 데이터를 제공한 자에게 귀속되는 것이 타당한지, 아니면 새롭게 데이터를 생성한 자에게 귀속되어야 하는지에 대한 문제인 것이다.

우리 「저작권법」이나 「특허법」 등 지식재산권 법체계는 구체적인 용어나 개념에는 차이가 있지만, 기본적으로 권리의 객체를 창작하거나 발명한 자에게 권리를 부여하는 것을 원칙으로 한다. 그러한 전제에서 기존 데이터에 기반해 새롭게 생성된 데이터에 대해서는, 생성된 부분에 지식재산권이 부여될 수 있는 요건이 갖추어졌다면 발생되는 지식재산권은 이를 만들어 낸 자(새롭게 데이터를 생성한 자)에게 귀속된다. 예를 들어, 저작권의 경우에는 창작자로서 저작권(저작인격권, 저작재산권)이 부여(데이터베이스제작자 권리의 경우에도 동일하다)되고, 특허권의 경우에는 발명자로서의 권리(특허를 받을 권리 등)가 부여된다. 만약 거래 당사자 양측이

공동으로 지식재산권을 창출했다면 이는 공동으로 귀속된다.

그러나 이러한 원칙적 귀속 방식은 실제 거래 환경에서 권리관계를 굉장히 복잡하게 만드는 원인이 될 수 있다. 그럼에도 불구하고 기존 데이터에 대한 권리 관계, 거래 계약의 목적, 그리고 「지식재산권법」에 따른 원시적 권리 귀속 원칙 등을 종합적으로 고려해, 새롭게 발생한 지식재산권을 어느 당사자에게 귀속시키는 것이 가장 효율적인지를 판단할 필요가 있다. 즉, 계약 체결 시 당사자 간에 지식재산권의 귀속 주체를 명확히 정하고 조정하는 절차가 반드시 이뤄져야 한다.

데이터 거래의 복잡성과 구체적 소유 규범들의 종합적 고려

데이터 거래는 단순히 재화를 이전하는 데 그치지 않고, 정보에 대한 접근, 분석, 가공, 활용, 재판매 등 다양한 층위로 구성되어 있는 복합적 행위다. 아울러 거래 대상이 되는 데이터에는 재산적 권리가 중첩적으로 존재하는 경우가 많아, 이로 인해 데이터 거래의 복잡성은 여러 측면에서 더욱 가중된다. 특히 현재와 같이 데이터에 대한 물리적 귀속과 지식재산권 등 여러 권리 귀속의 주체가 서로 다르게 설정될 수 있는 체계에서는, 모든 권리관계를 종합적으로 이해하고 이를 바탕으로 계약을 면밀하게 설계하는 작업이 필수적이다. 이 과정에서 단순히 법률이 정하는 형식적 계약 내용을 반영하는 것을 넘어, 실제 거래 목적에 부합하도록 계약 내용을 어떻게 구성하고, 당사자 간 어떤 방식으로 합의해 달리 정할 것인지에 대한 전문적이고 깊이 있는 고민이 요구된다.

참고문헌

과학기술정보통신부(2024.10.31). "데이터 표준계약서 및 활용 안내서", https://www.msit.go.kr/bbs/view.do?sCode=user&bbsSeqNo=67&nttSeqNo=3139474

10
데이터 소유 문제의 실무적 접근 방안

데이터 소유권은 저작권 등 지식재산권, 개인정보 자기결정권, 거래 규범, 그리고 계약이나 불법행위에 따른 재산적 이익 보호 등 다양한 권리의 작용을 포괄하는 총체적인 개념으로 이해되고 있다. 이러한 다원적 구조는 각각의 권리가 서로 다른 보호 목적과 범위를 가지면서도 동일한 데이터에 중첩적으로 적용되는 결과를 초래하며, 이에 따라 데이터 소유권을 둘러싼 규범적 · 실무적 접근 역시 보다 정교한 조율이 필요하게 된다.

AI와 미래 의사?

데이터 소유권의 복합적 성격과 개념적 모색

데이터가 물권법상 소유권의 객체로 인정되지 않는 상황에서, 그 소유권 개념은 아직 명확하게 정립된 하나의 법적 개념으로 자리 잡지 못하고 있다. 물론 단일한 소유권 개념이 필요한 것인가에 대한 의문도 여전히 제기되고 있는 과제다(권영준, 2021).

현재 데이터 소유권은 저작권 등의 지식재산권, 개인정보 자기결정권, 거래 규범, 그리고 계약이나 불법행위에 따른 재산적 이익 보호 등과 같은 다양한 권리의 작용을 포괄하는 총체적인 개념으로 이해된다. 이러한 상황에서 데이터에 작용하는 여러 권리들은 서로 병렬적으로 존재하게 되며, 각각 고유한 법적 의미를 갖는다. 즉, 현재의 규범적 환경에서 데이터 소유권은 단일한 배타적 권리라기보다는, 복수의 권리가 중첩된 다층적 권리 구조로 이해된다. 예를 들어, 비정형 데이터에 대한 저작권(저작인격권, 저작재산권), 데이터베이스 편집에 관한 권리, 데이터베이스제작자에 대한 권리, 개인정보가 포함된 경우 정보 주체의 개인정보 자기결정권, 데이터를 수집·가공한 사업자의 영업상 이익 등이 동일한 데이터 객체에 대해 복합적으로 작용한다.

이러한 다원적 구조는 각각의 권리가 서로 다른 보호

목적과 범위를 가지면서도 동일한 데이터에 중첩적으로 적용되는 결과를 초래한다. 그렇기 때문에 데이터 소유권을 둘러싼 규범적 · 실무적 접근 역시 보다 정교한 조율이 필요하게 된다.

기능적 접근과 실무적 문제

이러한 규범적 현실을 고려할 때, 데이터 소유권 개념에 대한 접근은 형식적 완결성보다는 기능적 실효성에 중점을 두는 것이 타당하다. 즉, 데이터 소유권을 하나의 포괄적 개념으로 설정하되, 그 구체적인 내용은 데이터의 유형과 맥락에 따라 유연하게 적용될 수 있는 구조를 갖추는 것이 바람직하다.

문제는 이러한 데이터 소유권 체계를 실무적으로 다루게 될 때, 우리는 앞서 살펴본 것과 같이 매우 다양한 권리들을 고려해야 한다는 데 있다. 특히 데이터가 거래되는 시점에서는 데이터의 귀속이 실질적인 중요성을 지니게 된다. 왜냐하면 거래의 전제가 바로 정당한 소유에 있기 때문이다. 타인에게 귀속된 데이터를 내가 거래할 수는 없는 것이다. 그렇기 때문에 데이터의 거래를 위해서는 반드시 거래 대상이 되는 데이터에 귀속된 다양하고 복합적인 권리문제가 명확히 처리될 수 있어야 한다. 이러한 점은 실무적으로 거래 당사자에게 상당한 부담으로 작용할 수밖에 없다. 과업의 양적 부담뿐만 아니라, 권리에 대한 개별적 검토와 결정이 적절히 이루어질 수 있어야 한다는 질적 부담 역시 상당할 것이다. 이러한 부담이 결국에는 데이터 거래의 효율을 낮추는 요인으로 작용하게 된다.

이러한 문제 인식에 따라, 현재는 데이터 거래를 위한 표준계약서가 마련되어 있으며, 그 외에도 다양한 데이터 관련 가이드라인 또는 참고 지침 등이 발간되고 있다. 그러나 이들 자료 역시 아직까지는 데이터라는 대상에 대한 총체적이고 일원화된 체계 속에서 정립된 것이라고 보기는 어렵다. 각각의 자료가 갖는 목적과 시각에 따라 개별적으로 마련되다보니, 현실에서는 오히려 실무자들에게 혼란이 가중된다고 하는 지적도 있다.

더 나아가, 데이터 거래 당사자들은 데이터 귀속에 대한 사항뿐만 아니라, 데이터에 포함된 개인정보의 적법한 처리 여부, 저작권 침해 가능성, 영업비밀 보호 의무, 데이터베이스제작자의 권리 등 여러 법적 요소를 계약 체결 과정에서 종합적으로 검토해야 하는 복잡한 상황에 직면하게 된다. 이는 특히 중소기업이나 스타트업에는 법적 리스크와 비용 부담으로 작용할 수 있다. 이는 결과적으로 데이터 소유권을 기반으로 한 거래가 경제적 가치를 확보하는 데에 걸림돌로 작용할 수 있게 된다는 것이다.

결국 데이터가 갖는 가치를 적절히 도출하기 위해서는 거래의 효율을 높여야 하며, 이를 실현하기 위해서는 데이터 소유권 체계가 합리적인 범위에서 정립될 수 있도록 노력이 필요할 것이다.

실무적 과제

현재 우리가 논의하고 있는 데이터가 경제와 사회 전반에서 중요한 역할을 수행하기 시작한 것은 불과 몇 년이다. 이러한 배경 속에서 데이터 소유 체계에 관한 혼란은 필연적으로 거쳐야 할 과도기적 현상이라고 할 수 있다. 따라서 중장기적으로는 데이터 소유권 체계를 어떻게 정립해 나갈 것인지에 대한 지속적인 논의와 정책적 결단이 필요하다. 아울러 실무 차원에서는 데이터 소유권과 관련해 작용하는 다양한 권리들에 대해 정확하게 이해하는 것이 무엇보다 중요하다.

그러나 이처럼 복잡하게 얽힌 권리 체계를 정확히 이해하는 일은 앞서 언급했듯 중소기업이나 스타트업에 상당한 법적 리스크와 비용 부담으로 작용할 수 있다. 이에 대한 이해 부족이 누적되면, 결과적으로 데이터 거래 시장의 활성화를 저해하고, 혁신적인 데이터 활용을 제약하는 요소로 이어질 수 있다. 결국 새로운 산업의 등장을 방해하는 결과가 초래될 수 있다. 따라서 데이터 기반 경제의 건전한 발전을 도모하기 위해서는 데이터 소유권 체계에 대한 높은 이해를 갖출 수 있도록 함과 동시에, 설사 그러한 이해를 갖추지 못하였음에도 거래 효율을 높일 수 있도록 하기 위한 체계 정비와 제도적 지원, 그리고 인프라 구축이 필요할 것으로 생각한다.

참고문헌

권영준(2021.7). "데이터 귀속·보호·거래에 관한 법리 체계와 방향". 《데이터와 법》. 이성엽 편. 박영사 ; 권영준(2021.2). 상동. 《비교사법》, 28(1), 1-43쪽, https://www.dbpia.co.kr/journal/articleDetail?nodeId=NODE10532864

김시열

전주대학교 로컬벤처학부 부교수다. 상문고등학교와 숭실대학교 법학과를 거쳐 동 대학원에서 지식재산권법을 전공으로 법학박사 학위(2012)를 받았다. 한국저작권위원회와 한국지식재산연구원을 거쳐 현재 전주대학교 로컬벤처학부에서 학부장으로 재직 중이다. 주로 저작권법·특허법 등의 지식재산권법과 과학기술법, 문화예술법 등에 관한 연구를 수행하고 있다. 현재 (사)한국소프트웨어감정평가학회 회장, (사)한국저작권법학회 이사, 한국연구재단 연구윤리 전문자문단, (주)전주대학교 기술지주회사 이사 등으로 활동하고 있으며, 국가지식재산위원회 4기 전문위원, 변리사시험 채점위원, 소프트웨어평가위원회 위원, 지식재산네트워크(IPMS) 학술분과장 등을 역임했다. 저서로는 《인공지능과 지식의 소유》(2024), 《저작권법》(2024, 공저), 《Intellectual Property: Global Perspective Advances and Challenges》(2023, 공저), 《음악저작권 침해 분쟁의 구조와 대응의 논리》(2022, 공저), 《저작권 소송과 소프트웨어 포렌식》(2021, 공저), 《컴퓨터프로그램 저작권 유사도론》(2018) 등이 있으며, "라이브러리 파일의 저작물성에 관한 검토"(2025), "인공지능 활용 창작으로 인한 저작권 소송상 여과 과정의 재검토"(2024), "인공지능 활용에 따른 특허법상 통상의 기술자 기술수준에 관한 연구"(2023) 등 50여 편의 논문을 발표했다.